Heinz Schnoor

Kanarien–vögel

Eingewöhnung

Pflege

Ernährung

Gesundheit

Quick Info

Kanarienvögel auf einen Blick

Kanarienvögel sind unkomplizierte Hausgenossen. Die Männchen unterhalten Sie mit schönen Liedern, die Weibchen zwitschern leise dazu. Bei guter Haltung werden Kanarien bis zu zehn Jahre alt.

Kanarienvögel im Größenvergleich

Nur eine knappe Hand voll Vogel – und dennoch »beherrscht« er das Zimmer, wenn Sie ihn fliegen lassen. Unter dem hübschen Federkleid verbirgt sich ein winziger Körper, der für sein Leben gut ausgestattet ist, einen festen Händedruck von Ihnen aber kaum überleben würde. Gehen Sie deshalb immer sehr behutsam mit dem kleinen Freund um.

Mit ein wenig Geduld werden auch Kanarienvögel handzahm.

Kanarienvögel in Stichworten

Wesen:	Die Vögel sind ausgesprochen munter und werden handzahm. Männchen untereinander streiten sich häufig.
Pflege:	Täglich werden die Futter- und Trinknäpfe sowie das Badehäuschen gereinigt, zwei Mal in der Woche wird der Sand gewechselt.
Bewegung:	Die Vögel brauchen reichlich Bewegung. Lassen Sie den kleinen Freund so viel wie möglich im Zimmer umherfliegen.
Ansprüche:	Sie wollen täglich zur gleichen Zeit ihr Futter. Kanarienvögel sind nicht gerne allein.
Besonderheiten:	Bei Kanarienvögeln gibt es drei Zuchtrichtungen: Gesangskanarien, Farbkanarien und Gestaltkanarien.

Leben mit dem Vogel

Kanarienvögel gewöhnen sich schnell an alle Familienmitglieder. Wegen ihres unkomplizierten Wesens kommen auch Kinder gut mit ihnen zurecht.

Das sollten Sie wissen

Ein Kanarienvogel braucht ständig Gesellschaft

➤ Wenn Sie viel Zeit haben, ist Einzelhaltung möglich. Sonst immer als Pärchen halten.

Ein Pärchen wird für Nachwuchs sorgen

➤ Stellen Sie sich auf ein fröhliches Familienleben ein. Es macht Spaß, die Vogelsippe zu beobachten.

Auf Urlaubsreisen verzichtet er gerne

➤ Die besten Kanarien-Sitter sind Nachbarn, die den Vogel in seiner gewohnten Umgebung betreuen.

Beim Freiflug lässt er oft etwas fallen

➤ Reinlichkeitsfanatiker sollten das bedenken, bevor sie sich einen Vogel anschaffen.

Der Gesang ist wohltönend, aber laut

➤ Geräuschempfindliche Mitbewohner oder Nachbarn lieber vor der Anschaffung befragen.

Die Vogelmutter bewacht aufmerksam das Nest mit dem Nachwuchs.

Quick Info

Wie gehe ich richtig mit meinem Vogel um?

Eingewöhnung

Bringen Sie den kleinen Freund auf dem schnellsten Weg in einer speziellen Transportbox nach Hause. Er darf unterwegs nicht frieren und keiner Zugluft ausgesetzt sein. Halten Sie in den ersten Tagen Aufregungen von ihm fern – fröhliche Kinder genauso wie neugierige Haustiere. Er braucht Ruhe und Zeit, um sich an seine neue Umgebung zu gewöhnen. Sprechen Sie zu ihm mit ruhiger Stimme und pfeifen Sie von Anfang an immer dieselbe, kurze Melodie. Er wird Sie bald daran erkennen. Mehr zum Thema »Eingewöhnung« erfahren Sie auf den Seiten 10–17.

Vogelheim

Der Käfig darf gerne ein bisschen größer sein als vorgeschrieben, da die Bewegungen der Kanarienvögel ausschließlich aus Hüpfen und Fliegen bestehen. Wellensittiche haben auch in kleineren Käfigen genug »Bewegungsraum«, weil sie zusätzlich an den Gitterstäben hoch- und runterklettern. Mehr zum Thema »Vogelheim« erfahren Sie auf den Seiten 18–25.

Ernährung

Kanarienvögel sind Leckermäulchen. Abgesehen von der normalen Körnerkost bevorzugen sie kleine Apfelstücke, frisches Gemüse und Salat, Löwenzahn und Vogelmiere aus dem Garten. Mehr zum Thema »Ernährung« erfahren Sie auf den Seiten 26–31.

Gesundheit

Die größten Gefahren für den kleinen Freund entstehen beim Freiflug in einem nicht vogelsicheren Zimmer, durch falsche Haltung und Ernährung. Der Käfig muss immer sauber sein, das Futter frisch. Magen und Darm reagieren sehr empfindlich auf verdorbenes Futter, ebenso auf abgestandenes Wasser. Mehr zum Thema »Gesundheit« erfahren Sie auf den Seiten 34–43.

Gesang

Selbst im Badehäuschen markiert das Männchen mit seinem Gesang sein Revier und tut allen kund: Hier wohne ich. Oder es wirbt um ein Weibchen und schmettert: Sieh her, ich bin der Größte und Schönste. Sie schmettern nicht immer nur ihre Lieder, sondern kennen noch andere Lautäußerungen. Das sind leise Rufe, mit denen sie sich untereinander verständigen oder mit Ihnen reden – wenn es sich um einen Einzelvogel handelt. Die Weibchen können ganz schön schimpfen mit krächzenden Lauten oder lieblich säuseln, wenn sie brüten und ihren Partner um Futter anbetteln.

Kanarien sind ausgesprochen gesellige Vögel.

Das Lied des Harzer Rollers

Die einzelnen Strophen der Kanarienlieder nennt der Fachmann »Touren«. Eingeteilt werden sie in Haupt- und Nebentouren, von denen jede eine eigene Bezeichnung hat. Die Kanarienfreunde haben eine Lautsprache für die Lieder ihrer Sangeskünstler entwickelt, die dem Laien zunächst unverständlich erscheint. Wenn Sie sich aber den Gesang Ihres Kanarienvogels längere Zeit genau anhören, fällt Ihnen die Übersetzung bald nicht mehr schwer. Als Beispiel hier die Touren des Harzer Rollers, des Stars unter allen Gesangskanarien.

Haupttouren

Hohlrolle: Es klingt wie ein »rürürü«, »rururu« oder »rororo«, wobei das »r« stark gerollt wird.

Knorre: Die Laute »rororo« Und »rourou-rourou« werden sehr tief vorgetragen.

Pfeife: Es sind 3–5 tiefe Einzeltöne, die sich wie »düdüdü« oder »dududu« anhören.

Hohlklingel: Es erinnert an einen Singsang wie »lülülü« oder »lololo«.

Nebentouren

Wassertour: Hier klingt es wie »blobloblo«, »blublublu« oder »blöblöblö«.

Klingel: Es ist ein heller Ton wie »lilili«.

Schockel: Er wird umschrieben mit »ho-ho-ho«, »hü-hü-hü« oder »hu-hu-hu«, gelegentlich klingt er wie »hü-ho-hu«.

Glocke: Der Gesang klingt wie »gluckgluckgluck« oder »glockglockglock«

Die Stars unter den Gesangskanarien:
Harzer Roller.

Was Sie vor dem Kauf bedenken sollten

⅋ Sind alle Familienmitglieder mit der Anschaffung einverstanden?

⅋ Testen Sie, ob in der Familie jemand eine Allergie gegen Vogelfedern hat. Wer im Zoofachhandel vor einem Vogelkäfig sofort anfängt zu niesen oder Atemnot bekommt, sollte sich keinen Vogel anschaffen.

⅋ Soll mit der Anschaffung ein Kinderwunsch erfüllt werden, müssen mit den kleinen Vogeleltern ernste Gespräche geführt werden. Kanarienvögel eignen sich gut als Kinderfreunde, sind jedoch kein Spielzeug.

Den Vögeln zuliebe sollte man sich für die Anschaffung von zwei Kanarien entscheiden.

⅋ Gibt es eventuell Vorbehalte in Ihrem Mietvertrag gegen die Haltung von Vögeln? Normalerweise ist das nicht der Fall.

⅋ Der beste Zeitpunkt für die Anschaffung sind der Herbst oder Frühwinter. Dann ist die Mauser überstanden und die Hähne beginnen bereits zu singen.

⅋ Sie können einen ausgebildeten Hahn erwerben oder ein junges Tier. Es wird die Melodien lernen, die Sie ihm vorpfeifen.

⅋ Angeboten werden Kanarienvögel direkt von Züchtern oder man erwirbt sie im Zoofachhandel.

Ein fröhlicher Sänger kommt ins Haus

Kanarienvögel stellen keine großen Ansprüche und sind recht robust. Der Umzug ins neue Heim bedeutet für die kleinen Vögel dennoch Aufregung und Stress. Die Zeit der Eingewöhnung ist eine wichtige Phase im Leben Ihrer neuen Hausgenossen. Gestalten Sie ihnen deshalb die ersten Tage so angenehm wie möglich.

Die beiden Gestaltkanarien mit den lustigen Hauben auf dem Kopf fühlen sich zu zweit wohler. Die Vögel brauchen Gesellschaft.

Kanarienvögel lassen sich einzeln, als Paar oder zu mehreren halten. Wer nur einen Vogel haben will, wird sicherlich einen Hahn erwerben, denn nur die Männchen singen schöne Lieder, die Weibchen zwitschern höchstens ein wenig. Ein einzelner Vogel wird leichter handzahm und gewöhnt sich schneller an die Stimme seines Pflegers und begrüßt ihn bald tagtäglich mit Zwitschern und Trällern. Auf keinen Fall sollten Sie zwei Hähne in einen kleinen Käfig setzen. Sie würden dauernd streiten und sich gegenseitig so lange schwächen, bis der Unterlegene irgendwann eingeht. In großen Volieren kann jeder Hahn sein Revier abstecken.

Ein Pärchen macht viel Freude

Die Paarhaltung ist auf jeden Fall für die Vögel die bessere Lösung. Der Gesang des Hahnes beschränkt sich dann allerdings in der Regel auf die Werbe- und Brutzeiten und Sie müssen mit Nachwuchs rechnen. Bei Familien, die den Großteil des Tages außer Haus sind, empfehle ich die Haltung von mindestens zwei Vögeln, denn ein einzelner würde ohne Ansprache schnell verkümmern. Da Kanarienvögel durchaus zehn Jahre alt werden können, erfordert ein einzelnes Tier schon sehr viel Zeit – will man den fröhlichen Sänger bei Laune halten.

Der Heimtransport

Endlich ist es so weit: Sie haben sich für einen Kanarienvogel ent-
schieden. Der beste Transportbehälter ist ein sehr kleiner, geschlosse-
ner Holzkasten mit einem Sicht- und Luftgitter. Sie sollten sich so
eine Box in jedem Fall im Fachhandel besorgen, denn sie erleichtert
Ihnen später auch den Transport des Vogels zum Tierarzt, einen mög-
lichen Umzug oder eine Reise. Glauben Sie bitte nicht, dass sich der
Vogel beim Transport in einem großen Käfig wohler fühlen würde. In
der dunklen, kleinen Box verhält er sich ruhig und versucht nicht zu
flattern. In einem Käfig hat er viel Platz und kann sich beim auf-
geregten Herumfliegen leicht verletzen.

Erst mal Futter, Wasser und Ruhe

Bevor Sie Ihren Sänger in sein neues Zuhause entlassen, sorgen Sie
dafür, dass Futter, Wasser und Sand bereits im Käfig sind. Öffnen Sie
dann die Käfigtür und halten Sie die Transportbox mit dem Ausflug-
loch genau davor. Greifen Sie nicht mit der Hand nach dem Vogel. Er
würde in Panik geraten und wegfliegen wollen, kann sich in seiner
engen Box jedoch nicht bewegen. Dieser Schock würde ihm das Eingewöhnen sehr erschweren, weil er die schlechte Erfahrung mit seinem neuen Heim in Verbindung brächte. Der Neuankömmling wird
freiwillig schnell in den Käfig fliegen. Wie alle tagaktiven Vögel wird
er vom Licht angezogen.

Lassen Sie Ihren neuen Freund am ersten Tag völlig in Ruhe. Er
braucht einige Stunden, um sich mit dem Käfig, der Umgebung und
der neuen Situation vertraut zu machen. Zunächst wird er auf einer
Stange sitzen und sich umsehen. Schließlich weicht die Angst der
Neugier. Er wird die Hüpfmöglichkeiten testen, dann zum Futter und
Wasser springen. Und irgendwann hören Sie das erste zaghafte
Tschilpen. Nach einer ungestörten Nacht zeigt er am nächsten Tag
schon viel mehr Selbstbewusstsein.

Es dauert allerdings noch eine Weile, bis Sie sich über die ersten
Liedvorträge freuen dürfen. Zwei bis drei Wochen oder manchmal
auch mehr können vergehen, bevor der kleine Sänger seine Melodien
erklingen lässt.

Kanarienvögel und andere Haustiere

Haben Sie schon Haustiere wie Hund, Katze oder andere Vögel? Ein
Hund verursacht selten Komplikationen, während eine Katze für den
Vogel unweigerlich ständigen Stress bedeutet. Katzenfreunde sollten
auf die Anschaffung eines Vogels verzichten, wenn sich die beiden
Tier nicht räumlich generell voneinander trennen lassen. Auch mit
anderen Vogelarten ist die Verträglichkeit nicht immer gewährleistet.
Wellensittiche und Kanarienvögel tolerieren sich normalerweise. Auch
eine gemeinsame Haltung mit Prachtfinken ist problemlos. Größere
Sittiche oder Papageienarten gehen oft aggressiv auf den fremden
Eindringling los. Die Krummschäbel der Papageien sind messerscharfe,
kräftige Waffen, gegen die sich ein Kanarienvogel nicht wehren kann.
In der freien Natur würde er sich durch Flucht in Sicherheit bringen –
in einem Käfig kann er das nicht. Kleinere Tiere wie Meerschwein-
chen, Kaninchen oder Mäuse nehmen meistens keine Notiz von dem
Neuankömmling. Halten Sie auf jeden Fall in der ersten Zeit alle anderen Tiere von dem Vogel fern.

> **ACHTUNG**
>
> Wenn Sie schon einen Ka-
> narienvogel haben, setzen
> Sie den neuen keinesfalls
> einfach dazu. Auch Hahn
> und Henne vertragen sich
> nicht automatisch. Der äl-
> tere Vogel wird den Frem-
> den als Eindringling be-
> trachten und versuchen,
> ihn zu verjagen. In zwei
> Käfigen nebeneinander
> können sich die Vögel an-
> einander gewöhnen und
> sich später beim Freiflug
> näher kommen.

*In der ersten Zeit ist der
Neuankömmling recht
ängstlich und gibt keinen
Ton von sich.*

Freiflug gehört dazu

Freiflüge sollten Sie Ihrem Vogel nach zwei bis drei Wochen Eingewöhnung auf jeden Fall täglich gönnen. Das ist nicht nur notwendige
Abwechslung. Fliegen trainiert die Muskulatur und hält Kreislauf und
Stoffwechsel in Schwung. Am besten setzen Sie sich ruhig in einen
Sessel, wenn Ihr Sänger seine Ausflüge unternimmt, sodass er Sie
praktisch als Inventar betrachtet. Vermeiden Sie hektische Bewegungen. Reden Sie mit Ihrem Kanarienvogel, nennen Sie immer wieder
seinen Namen und pfeifen Sie immer dieselbe Melodie.

Nehmen Sie zunächst eine Stunde vor dem »Ausflug« Futter- und
Wassernapf aus dem Käfig und stellen Sie die Gefäße erst zum
Schluss der Flugstunde wieder hinein. Damit stellen Sie sicher, dass
der Vogel Hunger bekommt und ganz freiwillig zurück in den Käfig
zur Futterquelle hüpft.

Das vogelsichere Zimmer

Jeder Raum steckt voller Gefahren. Damit Ihrem gefiederten Freund
bei seinen Ausflügen nichts passiert, müssen Sie folgende Sicher-
heitsmaßnahmen ergreifen:

✌ Alle Fenster schließen oder mit Fliegengitter sichern! Auch gekipp-
te Fenster bieten einen Weg in die gefährliche Freiheit.

✌ Will jemand während der Flugstunden das Zimmer verlassen oder
betreten, dann nur mit größter Umsicht. Schwirren die Vögel in der
ganzen Wohnung herum, sind sie schwer einzufangen.

✌ Seinem Instinkt folgend, fliegt ein Kanarienvogel immer gegen das
Licht in Richtung Fenster. Gardinen zuziehen! Sie verhindern dadurch, dass er sich an der Fensterscheibe verletzt.

✌ Weitere Lichtquellen sind Lampen, Kerzen und offene Kaminfeuer.
An allem kann sich der Vogel verbrennen oder zu Tode kommen.

✌ Fliegt der Vogel in der Küche herum, dürfen keine Herdplatten ein-
geschaltet sein.

✌ In Spiegeln und Glasplatten sieht sich der Vogel selbst und fliegt
auf den »anderen« zu. Beim Anflug würde er sich verletzen. Decken
Sie die Flächen zumindest in der ersten Zeit zu, bis er sich an sein
Spiegelbild gewöhnt hat.

TIPP Will der Kleine absolut nicht in den Käfig zurück, dunkeln Sie den Raum ab und beleuchten Sie den Käfig mit einer für den Vogel unerreichbaren Lampe. Er wird dem Licht folgen und in den Käfig hüpfen. Muss er eingefangen werden, bitten Sie einen Freund darum, damit der Vogel dieses schreckliche Erlebnis nicht mit Ihnen verbindet.

✣ Enge Spalten zwischen Wand und Möbeln unbedingt absichern. Fällt der Vogel hinein, wird man ihn schwer herausholen können und auch liebevolles Locken ist meist vergeblich. Verschreckte Vögel bleiben oft einfach still sitzen. Man weiß manchmal gar nicht, wo der Kanarienvogel abgeblieben ist und entdeckt ihn erst nach Stunden. Das gilt auch für offene Schubladen, in die man den kleinen Piepmatz versehentlich einschließen kann. Ein beliebtes »Versteck« ist auch der Raum hinter den Büchern. Schieben Sie die Bücher bis an die Regalwand.

✣ Lassen Sie keine Reinigungsmittel, Medikamente oder Alkohol herumstehen. Die Neugier lässt Kanarienvögel an allem herumpicken.

✣ Während der Flugstunden bleiben andere Haustiere draußen vor der Tür. Der Vogel ist nach einiger Zeit so vertrauensvoll und wittert in »seinem« Raum keine Gefahren mehr, sodass ihn sein Fluchtinstinkt gelegentlich im Stich lässt.

✣ Lassen Sie den Kanarienvogel nie ohne Aufsicht frei fliegen und achten Sie darauf, wo er ist. Es kommt immer wieder vor, dass die Winzlinge aus Versehen totgetreten werden.

TIPP Während des Freiflugs lassen die Vögel gelegentlich etwas fallen. Die Kotflecken können leicht entfernt werden. Nach einiger Zeit wird Ihr Kanarienvogel in seinem Zimmer Lieblingsplätze haben. Legen Sie eine Zeitung darunter.

ACHTUNG

Kanarienvögel lieben alle Grünpflanzen. Lässt sich Ihr Vogel auf dem Blumentopf nieder, helfen eine hektische Bewegung oder Händeklatschen, um ihn zu vertreiben. Er wird bald die Zimmerpflanzen mit diesem unangenehmen Erlebnis verbinden und sie meiden. Entfernen Sie giftige Zimmerpflanzen!

Raus aus dem Käfig! Vögel müssen fliegen, sonst verkümmern ihre Muskeln und Sehnen.

So wird Ihr Vogel zahm

TIPP Kanarienvögel können sehr gut sehen. Verändern Sie in der Zeit der Eingewöhnung nicht grundlegend Ihr Äußeres. Er erkennt Sie an Ihrer Kleidung wieder.

Wollen Sie sich nicht nur am Gesang Ihres Kanarienvogels erfreuen, sondern suchen Sie auch den Vogelpartner, der auf Ihren Finger kommt, zu pfeifen beginnt, wenn Sie seinen Namen rufen und dessen Lieblingsplatz Ihre Schulter ist, dann müssen Sie dem Vogel viel Zeit widmen – täglich mindestens eine Stunde. Greifen Sie nie mit der Hand in den Käfig! Das Bauer bedeutet für Ihren Kanarienvogel Sicherheit und Geborgenheit. Durch eine von Ihnen gut gemeinte, aber für den Vogel bedrohlich erscheinende Bewegung kann er leicht in Panik geraten. Lassen Sie den Vogel auf sich zukommen, das ist der beste Weg, den kleinen Freund zu zähmen. Kanarienvögel sind neugierig. Nutzen Sie diese Eigenschaft!

Eine vertrauensbildende Maßnahme ist auch Ihre Stimme. Der Vogel gewöhnt sich an die immer gleichen Laute – gesprochen oder gepfiffen – und wird Ihnen bald antworten. Schließlich sucht er Ihre Gesellschaft und fliegt Ihnen nach, wohin Sie auch gehen.

TIPP Damit es dem Kanarienvogel auch während Ihres Urlaubs gut geht, sollten Sie folgende Punkte beachten und mit den Pflegeeltern besprechen:
- Futtervorrat und Leckerbissen besorgen
- Futtermenge festlegen
- Verhalten des Vogels erläutern
- Käfigreinigung erklären
- Lieblingsobst und -gemüse aufschreiben
- Nummer des Tierarztes notieren

Kanarienvögel werden nicht ganz so schnell handzahm, wie zum Beispiel Wellensittiche.

Locken Sie den Vogel mit Leckerbissen

Während der Freiflugstunden ist die beste Gelegenheit, den Vogel zu zähmen. Inzwischen wissen Sie ja längst, was Ihr Kanarienvogel am liebsten frisst, vielleicht ein Stück Apfel oder einen Biskuit. Reden Sie mit ruhiger Stimme auf den kleinen Freund ein, halten Sie dabei die Leckerbissen gut sichtbar in der Hand und üben Sie sich ein bisschen in Geduld. Der Vogel wird neugierig schauen, das Köpfchen schief halten und er wird aussehen, als dächte er angestrengt nach. Nach einiger Zeit wird er sich dann sehr vorsichtig – Hüpfer für Hüpfer – dem Leckerbissen nähern und der vertrauten Stimme lauschen. Bei den ersten Versuchen sollten Sie dem Vogel die Chance geben, den Leckerbissen in der Nähe Ihrer Hand zu erwischen. Sie können das Apfelstück oder Körner auch auf einen Löffel legen und von Mal zu Mal den Stiel etwas kürzer halten. Passiert dem Kanarienvogel dabei nichts, geht er bestimmt bald gezielter vor, bis er sich schließlich auf die Hand wagt. Ihre Schulter und der Kopf sind die nächsten Ziele, die ein zahmer Kanarienvogel gerne anfliegt.

> **INFO**
>
> **Kanarienvögel kommen nach der Gesangsausbildung, also als erwachsene Vögel in Ihre Obhut. Die Eingewöhnung dauert deshalb etwas länger als zum Beispiel bei Wellensittichen, die man meistens als Jungvögel kauft.**

Mit dem Löffel-Trick haben Sie gute Chancen, dem kleinen Vogel die Scheu zu nehmen.

Der Käfig und seine Einrichtung

Sein neues Zuhause muss für den kleinen Kanarienvogel ein sicherer Ort sein, der ihm Geborgenheit und Zuflucht bietet. Die richtige Größe, eine abwechslungsreiche Einrichtung und der geeignete Standort des Käfigs sind wichtig für sein Wohlbefinden. Er wird schließlich die meiste Zeit seines Lebens dort verbringen.

Kanarienvögel sind gelegentlich zu Streit aufgelegt. Mit imponierendem Geflatter versuchen sie den anderen zu beeindrucken.

In der Regel wird der Kanarienvogel mit Ihnen die Wohnung teilen. Legen Sie vor dem Einzug den Standort für den Käfig fest. Ein heller Platz ohne direkte Sonneneinstrahlung ist ideal. Außerdem sollte er ruhig sein, nicht direkt neben dem Fenster, dem Fernseher, dem CD-Player oder einer anderen Geräuschquelle liegen. Prüfen Sie, ob der Standort frei von Zugluft ist. Luftzirkulation entsteht zum Beispiel auch über einer Heizung. Die Temperaturen müssen möglichst konstant sein – Tag und Nacht, das ganze Jahr hindurch. Zu trockene Luft und Räume, in denen viel geraucht wird, sind keine guten Standorte.

Der Standort hilft bei der Zähmung

Wollen Sie einen zahmen Vogelfreund haben, gehört der Käfig in den Raum, in dem Sie sich oft aufhalten. Die ideale Höhe für den Käfig ist etwas oberhalb Ihrer Augenhöhe, wenn Sie stehen. Wie alle Vögel fühlt sich auch ein Kanarienvogel sicherer, wenn er nach oben flüchten kann. Solange er noch nicht heimisch ist, kann er dann von seiner »sicheren« Warte auf Sie herunterschauen. Stehen Käfige zu tief, fühlt er sich ständig bedroht. In der Zeit der Eingewöhnung sollten Sie den Standort nicht verändern.

Das Vogelheim zum Wohlfühlen

Der Fachhandel bietet recht fantasievolle Käfigformen an, die dem menschlichen Auge gefallen, doch für den Vogel sind sie eher verwirrend. Jede Nische, jeder kunstvolle Bogen bedeutet für Ihren Kanarienvogel lediglich weniger Raum zum Hüpfen und Fliegen. Auch Rundkäfige sind für die Kanarienhaltung nicht geeignet. Sie bieten den Tieren keine Ecken, in die sie sich zurückziehen können und erschweren ihnen die Orientierung.

Größe und Form des Käfigs

Kanarien hüpfen gerne auf dem Käfigboden umher und untersuchen alles sehr aufmerksam.

Auch wenn Ihr Vogel täglich frei fliegen kann, darf sein Käfig nicht zu klein sein. Da Kanarienvögel im Gegensatz zu Wellensittichen nicht klettern, sondern nur hüpfen und fliegen, brauchen sie viel Platz. Für einen Kanarienvogel sollte der Käfig ein Mindestmaß von 60 cm Breite, 50 cm Höhe und 40 cm Tiefe aufweisen. Wenn der Platz

vorhanden ist, überschreiten Sie dem Vogel zuliebe dieses Mindestmaß. Er fühlt sich dann wohler.

Am besten eignen sich eckige Käfige für die Haltung von Kanarienvögeln. Ideal ist ein Kastenkäfig, der an drei Seiten geschlossene Wände hat. Ihr kleiner Freund fühlt sich darin geborgener als in Käfigen, die nach allen Seiten offen sind. Hat das Bauer keine geschlossenen Rücken- und Seitenwände, sollten Sie es in eine Ecke stellen, die mindestens zwei Käfigseiten gegen Sicht und Zugluft schützt. Die Gitterstäbe müssen so eng angeordnet sein, dass der Vogel seinen Kopf nicht dazwischen zwängen kann. Als Material bieten sich Edelstahl oder auch Kunststoff an, da Kanarienvögel nicht nagen. Von prachtvollen Käfigen mit gold- oder silberfarbenen Stangen rate ich ab, weil das Metall die einfallende Sonne zu stark reflektiert. Der Vogel wird dadurch geblendet.

Von oben und von einer Seite braucht der Vogel natürlich Licht. Steht das Bauer in einer Schrankwand, müssen Sie für ausreichende künstliche Beleuchtung sorgen. Im Fachhandel gibt es Spezialleuchten.

> ### WICHTIG
>
> Oft werden Käfige aus Holz angeboten. Die Materialien sind völlig ungeeignet, weil sie Feuchtigkeit anziehen und deshalb ein idealer Nährboden für viele Krankheitserreger sind. Holzkäfige lassen sich außerdem schlecht reinigen.

Die mit Kunststoff ummantelten Stangen der Metallkäfige lassen sich einfach sauber halten.

Volieren für die Großfamilie

Schon oft begann die große Liebe zu den kleinen Sängern mit einem einzigen Hahn und nach einiger Zeit bevölkerte eine ganze Vogel- schar das Haus oder den Garten. Wollen Sie mehrere Vögel halten, müssen Sie sich eine Voliere anschaffen, die es in verschiedenen Größen gibt, je nach Anzahl der Vögel. Entscheiden Sie sich auch hierbei nur für eckige Formen.

Sommerfrische für die Kanarienvögel

*Voliere mit einer natür-
lichen Einrichtung aus
Ästen und Büschen sind
ideal für die Vögel.*

Soll die Voliere den Sommer über im Freien stehen, muss sie ein sta- biles, regensicheres Dach haben und mindestens eine Seite – die Wetterseite – sollte eine feste Wand bekommen. Die Voliere muss ge- gen Ratten, Mäuse, Marder und Katzen geschützt sein. Man stellt sie deswegen auf einen etwa 30 cm hohen Betonsockel und versieht die Voliere zusätzlich mit einem Doppelgitter.

Auch der Zimmerkäfig mit einem oder zwei Kanarienvögel kann im Sommer auf einem Balkon oder einer Terrasse stehen, wenn ein Dach die Vögel vor Regen schützt und sie nicht Zugluft ausgesetzt sind. Die Vögel genießen diesen Aufenthalt im Freien. Am besten hängt man den Käfig an einen Haken unter dem Dach. Dort sind die Vögel für Katzen und andere Räuber unerreichbar.

Das Vogelhaus im Garten

Wenn Sie Ihre Kanarienvögel ganzjährig im Freien halten wollen, müssen Sie sich eine richtige Anlage bauen lassen. Sie besteht aus mehreren Abteilungen, von denen einige feste Dächer und geschlossene Seitenwände haben. Zusätzlich braucht man ein Schutzhaus, das im Winter beheizbar und beleuchtbar ist und eine Schleuse mit zwei Türen, damit Sie die Voliere betreten können, ohne dass ein Vogel entweicht. Eine große Gartenvoliere ist sicherlich reizvoll, jedoch eine ganz andere Form der Vogelhaltung im Vergleich zu einem oder zwei Kanarienvögeln im Zimmerkäfig.

TIPP Wer sich eine Gartenvoliere anschaffen will, sollte sich bei einem Züchter Rat holen. Beim Deutschen Kanarienzüchter Bund e.V. (Anschrift siehe Seite 62) erfahren Sie Adressen in Ihrer Nähe.

In einer geräumigen, wetterfesten Gartenvoliere bleiben die Vögel das ganze Jahr im Freien.

Die Ausstattung des Käfigs

Neben Größe, Form und Standort ist auch die Einrichtung des Käfigs entscheidend für das Wohlbefinden Ihres Sängers. Die Käfigtür sollte mit einer Federung versehen sein, deren Eigenspannung sie immer geschlossen hält. Bei anderen Türen kann es passieren, dass sie aufklappen, wenn der Vogel dagegenfliegt.

Ein guter Käfig sollte auch Zusatzklappen haben, um Futter, Trinkwasser und Badewasser von außen wechseln zu können. Das erleichtert Ihnen nicht nur die Arbeit, sondern schenkt dem Vogel auch die Sicherheit und Geborgenheit, die er braucht. Wenn Sie immerzu in dem Käfig herumhantieren müssen, erschrecken besonders Neuankömmlinge und das Eingewöhnen verzögert sich.

Kaufen Sie keinen Käfig, bei dem die Näpfe im Käfigboden eingelassen sind. Die Näpfe müssen so konstruiert und angebracht sein, dass der Inhalt nicht durch Kot verschmutzt werden kann. Noch besser und hygienischer sind kleine Futtersilos. Die von außen an die

Unterschiedlich dicke Naturholzäste eignen sich gut als Sitzstangen.

Auf einem Stück Wurzel können sich die Kanarienvögel mit ihren Krallen gut festhalten.

Gitterstäbe geklemmten Röhrchen ragen nur mit einer kleinen Öffnung in das Innere des Käfigs. Pickt der Vogel einige Körner heraus, rutschen die nächsten nach.

Achten Sie beim Kauf auch darauf, dass der Käfig eine Bodenschublade und ein genügend hohes Bodenschutzblech besitzt, damit beim Scharren und Fressen nicht so viel herausfliegt. Die Schublade erleichtert Ihnen, den Sand zu erneuern und den Käfigboden zu reinigen.

Die Inneneinrichtung

Die Sitzstangen sollten aus Weichholz und Naturästen bestehen und müssen unterschiedlich dick sein, damit die Zehen mal ganz geschlossen und mal ganz geöffnet werden können. Klemmen Sie die kleinen Äste gut fest. Die Sitzstangen aus dem Garten lassen sich allerdings kaum reinigen und müssen deswegen häufig ausgewechselt werden. Plastikstangen sind zu hart und zu unflexibel und führen zu verkrampften Fußhaltungen bis hin zu Fußschäden. Im Handel werden auch Sitzstangen angeboten, die mit Sandpapier überzogen sind. Einige davon im Käfig tun den Vogelfüßen gut, weil die ständig wachsenden Krallen »abgefeilt« werden. Außerdem wetzen die Kanarien gerne ihre Schnäbel an dem Sandpapier.

Setzen Sie die Stangen so ein, dass die Vögel von Ast zu Ast hüpfen und dabei die Ebenen wechseln können. Je eine Stange sollte vor dem Futter- und Trinknapf angebracht sein und eine weitere vor dem Badehäuschen. In einem geräumigen Käfig benutzen die Vögel gerne ihre Flügel. Nehmen Sie ihnen diese Möglichkeit nicht durch zu viele Stangen. In einem Käfig mit den Mindestmaßen reichen drei Stangen.

Ein Badehäuschen gehört zur Gundausstattung. Kaum ein anderer Stubenvogel planscht so gerne im Wasser wie der Kanarienvogel. Das Badehaus darf ebenfall nicht auf dem Boden stehen, weil das Wasser dann zu schnell verschmutzt. Eine Wassertiefe von 2 cm ist ausreichend.

Befestigen Sie von innen an den Käfigstangen einen Wetzstein aus Kalk oder noch besser eine Sepiaschale. Das ist das Gehäuse der Tintenschnecke und nützt nicht nur der Schnabelpflege, sondern versorgt den Vogel gleichzeitig mit Mineralstoffen.

TIPP Stecken Sie gelegentlich kleine Äste aus Ihrem Garten als Sitzstangen in den Käfig, aber nur dann, wenn Sie keine Pflanzenschutzmittel verwenden. Die kleinen Kerle werden eifrig nach frischem Grün suchen.

Stangen, die der Vogel nicht umfassen kann, begünstigen die natürliche Abnutzung der Krallen.

Leckere Körner und frisches Grünzeug

Ein ausgewogenes Futter trägt viel zum Wohlbefinden Ihres Vogels bei. Seine Hauptnahrung sind Sämereien aller Art. Doch ohne Frischfutter wäre die Kost zu einseitig. In der freien Natur naschen die meisten Vögel an Obst, Knospen und Kräutern. Ihre Kanarie ist auf Sie angewiesen. Sorgen Sie für Abwechslung.

Kanarienvögel fressen Äpfel ausgesprochen gerne. Stecken Sie den vitaminreichen Leckerbissen auf einem kleinen Astende fest.

Bei der Fütterung ist Augenmaß erforderlich. Frei lebende Vögel verbringen den größten Teil des Tages mit der Suche nach Futter. Allerdings verbrauchen sie beim Herumfliegen ständig Energie. In seinem Käfig muss sich Ihr Kanarienvogel nicht besonders anstrengen, um seinen Hunger zu stillen. Die Vögel sind zudem echte Leckermäuler. Achten Sie darauf, dass Ihr kleiner Sänger nicht zu dick wird und geben Sie ihm ein ausgewogenes Futter.

Zahme Kanarienvögel betteln gerne

Viele Kanarienfreunde genießen es, wenn ihr Gefährte mit am Tisch sitzt und nach Leckerbissen Ausschau hält. Aus Vogelsicht ist es verständlich, dass er an allem herumpickt. Ungefährlich ist das allerdings nicht, denn die meisten Dinge, die uns schmecken, sind nichts für die gefiederten Freunde. Gesalzene und gewürzte Speisen verträgt der Vogelmagen nicht. Bei derartigen »Leckerbissen« können sich Leberschäden einstellen. Ein paar Brot- oder Kuchenkrümel, ein Stück Obst und seltener ein Stückchen Butter, hart gekochter Eidotter oder Quark schaden nicht. Besser ist es, wenn Sie für ihrem »Bettelkönig« immer ein paar vogelgerechte Leckerbissen parat haben.

Das richtige Körnerfutter

Als Körnerfresser ernähren sich Kanarienvögel hauptsächlich von Sämereien. Ihr kegelförmiger Schnabel ist dafür bestens geeignet. Sie nehmen jedes Korn einzeln auf, entfernen geschickt die äußere Hülse, um an das begehrte Innere zu gelangen. Das im Handel angebotene Kanarienmischfutter eignet sich sehr gut als Grundnahrung. Es setzt sich in der Regel aus Glanz, Negersaat, Rübsen, Hanf, Mohn, Weizen, Salatsamen, Leinsamen, Senegalhirse und geschältem Hafer zusammen.

Nicht zu viel füttern

Ein Kanarienvogel, der oft frei herumfliegen kann, braucht mehr Futter als ein vorwiegend im Käfig lebender Vogel. Während der Mauser und der Brutzeit ist der Hunger größer. Auch ist der Appetit von Vogel zu Vogel individuell verschieden. Rund 10 g bis 15 g Körnerfutter sind die richtigen Tagesrationen. Ist das Futter nach wenigen Stunden verschwunden, können Sie etwas mehr geben. Bekommt der Vogel viele Extras, reduzieren Sie das Grundfutter. Zunächst wird der Vogel seine Lieblingskörner aus dem Futter herauspicken. Sollte ihm die Mischung gar nicht zusagen, wählen sie eine andere. Mischen Sie das Futter nicht selbst, weil es schwierig ist, die richtige Menge der einzelnen Anteile zu treffen. Unausgewogenes Futter führt zu Mangelerscheinungen.

Getreide und die Samen anderer Pflanzen sind die Hauptnahrung der Kanarienvögel.

Leckerbissen der besonderen Art

Zusätzlich wird im Handel noch jede Menge Zusatzfutter angeboten. Knabberstangen sind für den Vogel sinnvoll, weil er daran arbeiten muss. Außerdem gibt es Gefiederglanzkörnchen, Spezialfutter für bestimmte Gefiederfarben, Singhilfen und Mauserhilfen, ein besonders energie- und vitaminreiches Futter, das dem Vogel in dieser kräftezehrenden Zeit hilft. Probieren Sie diese Extras ruhig aus. Sie werden selbst merken, welche Ihr Vogel bevorzugt. Doch – und das gilt besonders für die fettreiche Kolbenhirse – geben Sie nicht zu viel davon, denn ein gesunder Kanrienvogel darf nicht zu dick sein.

Täglich frisches Wasser

Das Wasser im Trinknapf muss täglich gewechselt werden. Die Vögel lassen schon mal ein Korn oder Grünfutter hineinfallen, was schnell zu einem leichten Fäulnisprozess führt. Erkundigen Sie sich auch bei Ihrem Wasserwerk, ob gechlort wird. Bei geringen Chlormengen lassen Sie das Wasser etwa zwei Stunden stehen, bevor Sie es in den Trink- napf geben. Es gibt im Fachhandel Mittel zur Wasseraufbereitung, die das Chlor neutralisieren. Der kleine Vogelkörper ist sehr empfindlich gegen Schadstoffe. Eine Alternative ist kohlensäurefreies Mineralwasser.

> **TIPP** Lassen Sie sich beim Kauf des Vo- gels eine Tüte des gewohnten Futters mitge- ben. Dann muss sich der Neuankömmling zu all dem Umzugsstress nicht auch noch an neues Futter gewöhnen.

Feste Fütterungszeiten

Die Pflege Ihres Vogels wird bald fester Bestandteil Ihres Tagesablau- fes sein. Halten Sie bestimmte Fütterungszeiten ein. Am besten geben Sie Ihrem Kanarienvogel morgens die Tagesration Körnerfutter und im Laufe des Vormittags das Grünfutter.

Kolbenhirse ist sehr be- liebt, aber auch sehr fett. Das Knabbern macht den Vögeln viel Spaß.

Gesundes Grünfutter

Wichtiger als alle Leckerbissen ist frische Beikost. Sie liefert dem Vo-
gel die notwendigen Vitamine. Kanarienvögel lieben Grünzeug aller
Art: Gemüse, Obst, Salat, Knospen, Blätter und Pflanzentriebe. Auf der
Hitliste ganz oben stehen Apfel- und Birnenstücke, Kopfsalat,
Mohrrüben, Spinat und Grünkohl. Denken Sie bitte daran, dass alles
Gemüse und Obst frisch sein muss, nicht gespritzt sein darf und vor
dem Verfüttern gut gewaschen werden muss. Im Winter sollten Sie
auf Treibhaussalat verzichten, weil er zu viel Nitrat enthält.

Während der Mauser sorgen kleine Stücke einer Salatgurke mit
ihren Vitaminen, Mineralstoffen und Spurenelementen für einen rei-
bungslosen Federwechsel. Weil auch bei den Kanarienvögeln die Ge-
schmäcker verschieden sind, sollten Sie Ihrem kleinen Sänger
zunächst alle Obst- und Gemüsesorten anbieten und so ausprobieren,
was ihm am besten schmeckt. Er hat schon beim Züchter Vorlieben
entwickelt. Bekommt er Durchfall, streichen Sie diese Kost.

*Vogelmiere ist ein wertvol-
les Grünfutter, das
Kieselsäure, Kalium und
Mineralien enthält.*

Nahrung aus dem Garten

Im Frühling können Sie Ihrem Kanarienvogel immer wieder frische Zweige mit jungen Trieben, Blättern und Blütenknospen anbieten. Sehr beliebt sind Huflattich, Kreuzkraut, Hirtentäschelkraut, Vogelmiere, Wegerich, Blätter und Blüten vom Löwenzahn und im Sommer blühende Gräser. Ihr gefiederter Freund wird gerne dafür sein normales Grundfutter stehen lassen. Zur Brutzeit schätzen die Kanarienvögel von Blattläusen befallene Pflanzenteile ganz besonders. Die lästigen Gartenbewohner sind für sie wahre Leckerbissen. Auch hier gilt: Pflücken Sie nur dort, wo nicht gespritzt wurde. Das bedeutet auch, dass Sie im Zweifelsfall auf Mitbringsel von unterwegs verzichten sollten. Sie wissen nicht, ob und wie viele Schadstoffe die Pflanzen enthalten.

Vogelmiere trägt ihren Namen mit Recht. Blätter, Stängel und Samen sind bei vielen Vögeln beliebt. Die Pflanzen lassen sich leicht zusammen mit anderen Wildkräuter in kleinen Töpfen ziehen. Die »Mini-Wiesen« stellen Sie später in den Käfig. Verwenden Sie nur unbehandelte Erde.

Wer einen Farbkanarienvogel hält, kann die Farbintensität mithilfe des Futters erhalten oder verstärken. Die Stoffe zur Herstellung von Gelb entnehmen die Vögel allem frischen Grünfutter. Rote Vögel behalten ihre leuchtende Gefiederfarbe, wenn Sie ihnen Karotten zufüttern oder dem Grundfutter das so genannte Aufzuchtfutter mit Beta-Karotin beimengen.

Keimfutter ist eine Delikatesse

Der Fachhandel bietet Keimsilos für Vogelgrün an, in denen Sie Keimfutter aus allen Körnersorten selbst herstellen können. Die gefiederten Gourmets schätzen besonders gekeimte Rübsen-, Weizen- und Haferkörner. Die Körner werden einen Tag lang in Wasser eingeweicht und dann ein bis zwei Tage zum Keimen in die Schalen gelegt, bis die ersten Keime erscheinen. Während der Keimzeit täglich durchspülen. Die Vögel stürzen sich darauf. Achten Sie peinlich genau auf Schimmelbildung. Die Schadpilze verursachen eine ernsthafte, oft tödlich verlaufende Krankheit. Sobald die keimende Saat muffig riecht, werfen Sie alles weg. Auch Keimfutter, das der Vogel nicht innerhalb weniger Stunden frisst, kommt in den Müll.

CHECKLISTE FUTTER

Täglich bekommt der Vogel:

- Grundfutter
- frisches Wasser
- Obst
- Gemüse

Wöchentlich 2- bis 3-mal geben Sie ihm:

- Keimfutter
- Kolbenhirse
- Zweige aus dem Garten

TIPP Die Versorgung mit Kalk und Mineralstoffen ist durch die Wetzsteine aus Kalk oder Sepiaschale gewährleistet. Als Alternative können Sie Ihrem Kanarienvogel auch Eierschalen anbieten, allerdings nur von gekochten Eiern, damit sie keimfrei sind.

Gute Pflege ist die beste Vorsorge

Sie können viel dazu beitragen, damit Ihr Kanarienvogel gesund und munter bleibt. Sauberkeit und regelmäßige Kontrollen sind die Voraussetzungen, abgesehen von genügend Bewegung, richtigem Futter und Ihrer Zuneigung. Beobachten Sie ihn genau. Dann erkennen Sie rechtzeitig, wenn es ihm mal nicht so gut geht.

So keck und stolz schaut eine gesunde Kanarie drein. Bei richtiger Pflege werden die Vögel 8–12, manchmal sogar 20 Jahre alt.

Es ist schon erstaunlich, was so ein kleiner Kerl leistet. Er hüpft viele Stunden des Tages umher, verblüfft immer wieder mit seinen Flugkünsten und schmettert zwischendurch die herrlichsten Lieder. Das winzige Energiebündel verdient Ihre Fürsorge und Aufmerksamkeit. Ihre Kanarie dankt es Ihnen mit einer geradezu rührenden Anhänglichkeit. Oft fängt sie bereits an zu zwitschern und begrüßt Sie, sobald sie nur Ihre Stimme hört.

Das Wohlbefinden fördern

Sorgen Sie immer dafür, dass sich Ihr Kanarienvogel wohl fühlt. Dazu gehört eine gewisse Regelmäßigkeit in seinem Tagesablauf. Auch in der Natur sind die Vögel in einen bestimmen Rhythmus eingebunden, von Sonnenaufgang bis Sonnenuntergang. Fliegen und nach Futter suchen sind ihr Lebensinhalt. Vermeiden Sie, dass sich Ihr Vogel langweilt. Wenigstens eine Stunde täglich müssen Sie ihm widmen. Der Umgang mit den munteren Gesellen bereitet jedoch so viel Freude, dass Sie sicherlich ganz freiwillig mehr Zeit mit ihm verbringen wollen. Im Vergleich zu anderen Stubenvögeln ist der Kanarienvogel recht anspruchslos und pflegeleicht.

Sauberkeit muss sein

TIPP Verwenden Sie nur
Vogelsand aus dem
Zoofachhandel. Ge-
ben Sie zusätzlich Vogel-
grit auf den Sand. Das ist
eine Mischung aus fein
gemahlenen Muschelscha-
len, winzigen Steinchen
und Kohleteilchen. Der Vogel nimmt diesen Grit auf.
Mithilfe der kleinen Körn-
chen werden die Säme-
reien im Magen des Tieres
zerkleinert. Außerdem versorgt Grit den Vogel mit
wichtigen Mineralstoffen.

Damit sich Ihr Sänger auf Dauer in seinem Käfig wohl fühlt, gesund bleibt und Sie möglichst viel Spaß mit Ihrem Hausgenossen haben, müssen Sie einige Grundregeln der Hygiene beachten. Nur zu leicht bilden sich in einem ungepflegten Käfig Krankheitserreger oder es nisten sich Parasiten ein.

Die Reinigung des Käfigs

Bei der Haltung von einem oder zwei Vögeln muss der Bodensand mindestens einmal pro Woche erneuert werden, bei mehreren Vögeln entsprechend häufiger. Auf ihm sammelt sich Kot, hier liegen die Spelzen der Futterkörner, Federflaum und Staub. Leeren Sie die Bodenschublade des Käfigs aus und entfernen Sie die festgeklebten Schmutzreste mit einem weichen Topfkratzer. Meistens müssen Sie die Schale dann nur noch mit warmem Wasser ausspülen. Wenn Sie

Vogelsand gibt es in grober und in feiner Körnung.

Die Futternäpfe müssen sauber sein, um die Ausbreitung von Krankheitskeimen zu verhindern.

ein Putz- oder Desinfektionsmittel benutzen, was aber in der Regel nicht notwendig ist, müssen Sie gründlich mit klarem Wasser nachspülen. Einmal pro Woche sollten Sie den gesamten Käfig, die geschlossenen Wände, das Gitter und auch die Sitzstangen säubern. Holzstangen aus dem Garten erneuern Sie wöchentlich.

Näpfe und Badehäuschen

Es empfiehlt sich, den Futternapf täglich oder wenigstens alle zwei Tage zu säubern. Es kommt immer mal wieder vor, dass Kot die Schälchen verunreinigt. Trocknen Sie den Futternapf gut ab, bevor Sie Körner hineingeben, damit sie nicht feucht werden und dadurch schimmeln. Der Trinknapf und das Badehaus müssen täglich unter fließendem, warmem Wasser mit einer Bürste gereinigt werden. Es bilden sich schnell Algen oder ein weißlicher, schmieriger Belag, ein guter Nährboden für Keime. Hat sich Kalk an Gefäßen festgesetzt, entfernen Sie ihn nur mit Essig und spülen Sie gründlich nach.

> **WICHTIG**
>
> Gehen Sie bei allen Reinigungsaktionen behutsam vor. Hektische, schnelle Bewegungen ängstigen den Vogel, auch wenn er Sie schon lange kennt.

Am Futternapf kommt es gelegentlich zu Streitereien. Jeder will die besten Körner erwischen.

Ein bisschen Körperpflege

Für seine Körperpflege sorgt der Kanarienvogel im Allgemeinen selbst. Er putzt täglich sein Gefieder und fettet es ein. Den von Futter verklebten Schnabel scheuert er sich an Sitzstangen und Wetzstein sauber. Er badet leidenschaftlich gerne mit viel Gepluster und entfernt dabei Staubpartikel aus seinem Federkleid. Sollten Sie einen Bademuffel erwischt haben, müssen Sie etwas nachhelfen. Füllen Sie eine saubere Blumenspritze mit lauwarmem Wasser und sprühen Sie den Vogel kräftig ein. Ist er richtig nass, schüttelt er sich und putzt sich anschließend gründlich.

Was die Wassertemperatur angeht, sind die Vögel nicht sehr empfindlich, nur zu kalt darf es nicht sein. Besonders an heißen Tagen und während der Mauser ist das tägliche Bad sehr wichtig.

Die Vögel putzen sich täglich gründlich ihr Gefieder.

Wenn die Krallen zu lang werden

Die Krallen wachsen wie alle »Nägel« ständig nach. Normalerweise nutzen sie sich durch den Gebrauch ab und bleiben so immer in einer verträglichen Länge. Ist der Käfig mit geeigneten, unterschiedlich dicken Sitzstangen und mit Sandpapier überzogenen Stangen ausgestattet, feilen sich die Krallen ab.

Leider werden bei vielen Vögeln die Krallen trotzdem so lang, dass die Tiere nicht mehr laufen können oder die Zehen verkümmern. Mit diesen überlangen Krallen bleiben die Vögel dann nicht selten im Käfiggitter hängen und verletzen sich Füße oder Beine.

Sie können überlange Krallen selber schneiden, aber vorsichtig, denn in den Krallen befinden sich Blutgefäße. Nehmen Sie den Vogel fest in eine Hand – mit dem Kopf nach unten – und ziehen Sie mit Daumen und Zeigefinger dieser Hand einen Fuß nach vorne. Klemmen Sie ihn so zwischen Ihre Finger, dass er sich nicht bewegen kann. Wenn Sie nun den Fuß gegen das Licht halten, sehen Sie die Blutgefäße in den Krallen deutlich durchschimmern. Etwa 1 mm vor dieser Stelle dürfen Sie schneiden. Kappen Sie die Nägel schräg nach hinten ab. Am besten geht das mit einer Nagelschere oder einer speziellen Krallenschere. Wenn Sie noch keine Erfahrung mit Vögeln haben, lassen Sie sich das Krallenschneiden lieber von einem Tierarzt zeigen.

So halten Sie den Vogel beim Krallenschneiden.

Korrekturen des Schnabels

In seltenen Fällen muss ein verwachsener Schnabel korrigiert werden. Ursache dafür ist meistens der Aufprall des Vogels an einem Fenster oder Ähnlichem. Dabei wurden die sonst so exakt aufeinander stehenden Schnabelhälften verschoben. Eine Hälfte beginnt dann unkontrolliert zu wuchern. Weil die ungleichen Hälften den Vogel beim Fressen behindern, ist ein regelmäßiges Nachschneiden unerlässlich. Lassen Sie sich das Schnabelstutzen unbedingt von einem Tierarzt zeigen. Er wird Ihnen auch die richtige Schere empfehlen, denn das Schnabelhorn ist hart und splittert bei unsachgemäßem Schnitt.

Kein Vogel ist begeistert davon, wenn er in die Hand genommen wird. Das feste Zupacken assoziiert er sofort mit dem Beutegriff eines Greifvogels. Deshalb sollten Sie Ihrem Kanarienvogel diese Prozedur nur dann zumuten, wenn sie unbedingt erforderlich ist und so schnell wie möglich beenden. Es kann vorkommen, dass der Vogel wie erstarrt sitzen bleibt, wenn Sie ihn wieder in seinen Käfig gesetzt haben. Die ganze Angelegenheit hat ihn dann so mitgenommen, dass er einen kleinen Schock bekommen hat. Nach wenigen Minuten erholt er sich wieder.

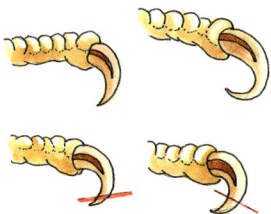

So schneiden Sie die Krallen.

Die alljährliche Mauser

Die Mauser ist keine Krankheit, aber anstrengend und lästig für den Vogel. Sie beginnt im Hochsommer und ist gewöhnlich nach etwa acht Wochen abgeschlossen. In dieser Zeit sieht der Vogel zerzaust und gerupft aus, stößt sein gesamtes Gefieder ab und ein neues wächst nach. Dieser Gefiederwechsel ist notwendig, weil sich die Federn im Laufe eines Jahres verschleißen. Zum Beginn der Mauser hört er auf zu singen und badet in diesen Wochen besonders gerne und ausgiebig. Er braucht während dieser anstrengenden Phase viel Ruhe und abwechslungsreiche Kost. Geben Sie ihm zusätzlich ein spezielles Mauserfutter, das viele Mineralstoffe und Vitamine enthält. Die Anfälligkeit für Krankheiten und Parasitenbefall ist während der Mauser besonders groß. Zwar ist seine Flugfähigkeit durch das dezimierte Gefieder beeinträchtigt, aber geben Sie ihm dennoch die Gelegenheit zum Freiflug.

Wenn der Vogel krank ist

Auch bei noch so hygienischer Haltung und optimaler Fütterung kann Ihr Vogel krank werden. Je besser Sie Ihren kleinen Freund kennen, desto eher werden Ihnen Abweichungen von seinem normalen Verhalten auffallen. Echte Krankheitssymptome zeigen Vögel immer erst sehr spät, oft leider zu spät.

DIE ERSTEN ANZEICHEN

Wenn Sie bei Ihrem Vogel folgende Alarmzeichen erkennen, stimmt etwas nicht und Sie sollten einen Tierarzt aufsuchen:
- ✌ Er hört auf zu singen – ist aber nicht in der Mauser.
- ✌ Er hat Durchfall, der auch nach Futterwechsel nicht aufhört.
- ✌ Er sitzt mit aufgeplustertem Gefieder auf seiner Stange und putzt sich nicht mehr.
- ✌ Er ist teilnahmslos und bewegt sich nur sehr wenig.
- ✌ Er frisst und trinkt nicht.
- ✌ Er atmet stoßweise.
- ✌ Die Augen tränen.

So halten Sie den Vogel, wenn Sie ihn behandeln müssen – aber nicht zu fest drücken.

WICHTIG

Kranke und alte Tiere nehmen es mit der Körperpflege oft nicht so genau. Ist die Kloake verschmutzt, säubern Sie die verschmutze Stelle mit einem Schwämmchen und lauwarmem Wasser.

Es ist schon für Fachleute nicht leicht, eine richtige Diagnose zu stellen. Für den Laien ist es fast unmöglich. Sorgen Sie als erste Hilfe für ausreichende Wärme mit einer Infrarotlampe oder einer Schreibtischlampe. Der Vogel muss die Wahl haben zwischen warmen und kühleren Stellen im Käfig.

Der Gang zum Tierarzt

Bringen Sie den Patienten in einer kleinen Transportbox zum Tierarzt. Sorgen Sie bei kalter Witterung durch eine Wärmflasche im Tragekorb und Tücher zum Abdecken dafür, dass sich der Vogel nicht auch noch erkältet. Nehmen Sie Proben des Kots, des Grundfutters, des Frischfutters, des Trinkwassers und auch des Vogelsandes mit zum Tierarzt. Stellen Sie sich auf folgende Fragen des Tierarztes ein: Alter des Vogels, Zahl der Vögel im Käfig, Standort des Käfigs und eine Beschreibung der genauen Symptome. Am besten notieren Sie sich immer mit Datum und Uhrzeit alle Veränderungen.

Die häufigsten Krankheiten

Leider gibt es eine Reihe ernsthafter Erkrankungen, unter denen Ihr kleiner Freund leiden kann. In vielen Fällen hilft ein rechtzeitiger Besuch beim Tierarzt, das Schlimmste zu verhindern.

Aspergollose

Schwerer hechelnder Atem und Abmagerung trotz ausreichender Futteraufnahme sind Anzeichen dieser Pilzerkrankung.

Ursache: In den meisten Fällen ist von Schadpilzen befallenes Futter der Grund. In Darm und Lunge vermehren sich diese Pilze schnell und können ohne Behandlung sogar zum Tode führen.

Behandlung: Gehen Sie sofort zum Tierarzt.

Vorbeugung: Das Futter muss leicht fettig glänzen, darf nicht muffig riechen oder alt sein. Käfig und alles Zubehör desinfizieren.

Augenentzündung

Oft tränt nur ein Auge, ist verklebt und geschwollen. Meistens handelt es sich um Bindehautentzündung, selten um eine Infektion.

Ursache: Zugluft, Rauch, Chemikalien oder auch eine Infektion können die Augen schädigen.

Behandlung: Das Auge mit Kamilleextrakt oder Borwasser betupfen. Tritt nicht schnell eine Verbesserung ein, den Tierarzt konsultieren.

Vorbeugung: Vermeiden Sie Zugluft und Rauch. Verhindern Sie, dass Ihr Vogel mit Haushaltschemikalien in Berührung kommt.

Darmerkrankungen

Breiiger, wässriger, übel riechender Kot und verschmutztes Gefieder rund um die Kloake.

Ursache: Temperaturschwankungen, verdorbenes Futter oder Darmentzündungen verursachen Durchfall.

Behandlung: Halten Sie Ihren Vogel warm, geben Sie ihm anderes Körnerfutter, kein Grünfutter und Kamillentee zum Trinken. Hört der Durchfall nicht nach 48 Stunden auf, sollten Sie unbedingt den Tierarzt aufsuchen. Der kleine Vogel verliert sonst zu viel Flüssigkeit und Mineralstoffe. Kotprobe nicht vergessen!

Vorbeugung: Sauberkeit, einwandfreies Futter, gleichmäßige Temperaturen.

TIPP Suchen Sie sich gleich nach Anschaffung des Vogels einen Tierarzt, der sich mit Vögeln gut auskennt. Meistens kann Ihnen der Züchter oder ein Kanarienverein dabei helfen.

WICHTIG

Während des Schlafens sitzt ein gesunder Vogel nur auf einem Bein. Schläft er auch tagsüber oft und sitzt dabei auf beiden Beinen, fehlt ihm etwas. Gehen Sie sofort zum Tierarzt!

Fettleibigkeit *(Adipositas)*

Schwerfälliger Flug, lustloses Herumsitzen, schwerer Atem.

Ursache: Das Futter ist zu kalorienreich bei zu wenig Bewegung.

Behandlung: Setzen Sie Ihren Vogel vorsichtig auf Diät. Krasse Futter-
umstellungen führen unweigerlich zu Durchfall. Die Vögel dürfen
nicht hungern. Reduzieren Sie zunächst nur ein wenig die Menge
und geben Sie allmählich weniger Körner und mehr Frischkost.
Regen Sie den Vogel maßvoll zum Hüpfen und Fliegen an.

Vorbeugung: Weniger fette Hirse füttern und für regelmäßige Flugstunden sorgen.

Ektoparasiten im Gefieder

Das Federkleid ist glanzlos und beschädigt, kahle Stellen, Juckreiz am
ganzen Körper, Kratz- und Pickwunden, Atemnot.

Ursache: Befall mit Roter Vogelmilbe, Federlingen, Läusen oder Laus-
fliegen. Luftsackmilben verursachen die Atemnot.

Behandlung: Unbedingt den Tierarzt aufsuchen. Er wird Ihnen ein
Puder oder eine Waschlösung verschreiben.

Vorbeugung: Desinfizieren Sie den Käfig und seine Einrichtung.

Erkältung

Husten, Niesen und schwerer Atem, geschwollene Augen, feuchte
Nasenöffnungen, Teilnahmslosigkeit.

Ursache: Zugluft, Temperaturschwankungen, zu kaltes Trink- und
Badewasser.

Behandlung: Für Wärme sorgen, vitaminreiche Kost geben, Kamillen-
dämpfe aus Kamillentee oder Kamillenextrakt in den mit einem
Tuch abgedeckten Käfig leiten. Bessert sich der Zustand nicht in
ein oder zwei Tagen, den Tierarzt aufsuchen.

Vorbeugung: Zugluft vermeiden, für konstante Temperaturen sorgen.

Kalkbeine *(Räude)*

Juckreiz, verbunden mit weißlichgrauen Wucherungen und Krusten
an Beinen und Zehen.

Ursache: Milben sitzen zwischen den Hornschuppen.

Behandlung: Den Tierarzt aufsuchen.

Vorbeugung: Den Käfig und alle Gegenstände desinfizieren. Auf Sauberkeit achten.

WICHTIG

Notieren Sie sich in Ihrem Telefonverzeichnis die Telefonnummer des Tierarztes, die Sprechstundenzeiten und die Nummer des tierärztlichen Notdienstes, falls Sie am Wochenende oder an einem Feiertag Hilfe brauchen.

Hyperkeratose

An Beinen und Zehen bilden sich dicke, bräunliche Hornschichten. Oft wird der Fußring dadurch zu eng und das Bein schwillt an.

Ursache: Zu geringe Abnutzungsmöglichkeiten im Käfig, erbliche Veranlagung, Vitamin-A-Mangel.

Behandlung: Entfernen des Fußringes und der Hornhaut durch den Tierarzt.

Vorbeugung: Raue Sitzstangen aus Naturzweigen in den Käfig geben. Vitamin-A-reiche Kost füttern (z. B. Kopfsalat, Löwenzahn, Spinat, Grünkohl)

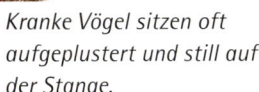

Legenot

Das Weibchen versucht mit großer Mühe, aber erfolglos, ein Ei abzulegen, wird zunehmend apathischer und sitzt aufgeplustert am Boden. Der Unterleib ist geschwollen, die Kloake gerötet. Vor allem junge oder schwache Weibchen leiden gelegentlich unter Legenot.

Kranke Vögel sitzen oft aufgeplustert und still auf der Stange.

Ursache: Das Ei ist im Eileiter stecken geblieben, weil es zu groß ist, die Schale zu dünn ist oder sogar fehlt. Das kann genetisch bedingt sein. Auch Fehler in der Haltung (zu kleiner Käfig, falscher Standort) und Ernährung (zu fettreiches Futter, Vitaminmalngel) können die Ursache sein.

Behandlung: Sorgen Sie für ausreichende Wärme und gehen Sie zum Tierarzt. Durch vorsichtige Massage bringt er das Tier zum Ablegen.

Vorbeugung: Vermeiden Sie Fehler in der Haltung.

Verletzungen

Bei inneren Verletzungen sitzt der Vogel apathisch mit aufgeplustertem Gefieder in einer Ecke. Bei Knochenbrüchen hält er den Flügel oder das Bein in einer unnatürlichen Haltung und vermeidet Bewegungen. Bei Brüchen und Unfällen kann es auch zu offenen Wunden kommen.

Ursache: Manchmal verletzen sich die Vögel trotz aller Vorsicht beim Freiflug im Zimmer.

Behandlung: Decken Sie offene Wunden mit einer sauberen Mullbinde ab. Schlagen Sie den Vogel locker und vorsichtig in ein sauberes Tuch ein und bringen Sie ihn in einem zugfreien, warmen Transportbehälter sofort zum Tierarzt.

Vorbeugung: Sorgen Sie für ein vogelsicheres Zimmer.

Wenn sich Nachwuchs einstellt

TIPP Wenn Nachwuchs
unerwünscht ist,
ersetzt man jedes Ei
sofort durch ein Kunstei.
Die Henne wird normal
brüten und das Nest spä-
ter verlassen. Nimmt man
die Eier ersatzlos aus dem
Nest, wird das Weibchen
unermüdlich neue Eier
legen bis zur totalen Er-
schöpfung.

Die Vögel fühlen sich als Pärchen sicherlich am wohlsten. Nur dann
können sie das gesamte Repertoire ihres Verhaltens zeigen. Der Vogelfreund muss allerdings mit Konsequenzen rechnen.

Balz und Paarung

Irgendwann im Frühjahr beginnt der Hahn zu singen und das Weibchen zu umwerben. Er spreizt die Flügel, plustert sich auf und hüpft
aufgeregt vor seiner Liebsten hin und her. Ist sie nach einigen Tagen
bereit zur Begattung, setzt sie sich auf eine Stange, duckt sich ein
wenig und hält den Schwanz in die Höhe. Bei dem Begattungsakt
presst der Hahn seine Kloake auf die des Weibchens, damit die Sper-
mien in die Eileiter fließen können.

Nistkorb und Nistmaterial

In der Zeit zwischen Begattung und Eiablage – das sind nur wenige
Tage – bauen die Kanarienvögel ihr Nest. Ohne Ihre Hilfe würden sie
damit nicht so recht vorankommem. Sie müssen ihnen einen Nistkorb
und Nistmaterial in den Käfig geben. Der Zoofachhandel bietet spezielles Nistmaterial (Scharpie) an, das aus kurzen, weißen Fäden besteht, außerdem Kokos- oder Sisalfasern und verschiedene Nistkörb-
chen aus Draht, Korbgeflecht oder Plastik. Die Kunststoffkörbchen
sind ziemlich glatt und es besteht die Gefahr, dass das Nistmaterial
verrutscht. Sobald das Weibchen damit beginnt, Federn in den Nistkorb zu tragen, legen Sie das Nistmaterial auf den Käfigboden.

WICHTIG

Wohin mit den jungen Vö-
geln? Fragen Sie bei einem
Zoohändler, Kanarienvo-
gelverein oder in Ihrer Umgebung nach Abnehmern.
Manchmal hilft auch ein
Zettel an der Pinnwand in
der Tierarztpraxis: »Kanarienvögel abzugeben«

Eiablage und Brutzeit

Die Hennen legen normalerweise vier oder fünf Eier innerhalb etwa
einer Woche. Da Kanarienweibchen gleich beim ersten Ei mit der Brut
beginnen, schlüpfen die Jungen auch im Abstand von einigen Tagen.
Das hat zur Folge, dass das erste Küken schon recht kräftig ist, wenn
sich das letzte aus dem Ei pellt. Die Nachkömmlinge haben dann das
Nachsehen und überleben oft nicht. Um das zu verhindern, nimmt

man sehr vorsichtig (die Eierschale ist hauchdünn) mit einem kleinen Plastiklöffel die ersten drei Eier aus dem Nest, bewahrt Sie in einer mit Watte gefütterten Schachtel auf (nicht schütteln!) und ersetzt sie durch Kunsteier aus dem Zoofachhandel. Hat das Weibchen das vierte Ei gelegt, kommen die ersten wieder dazu. Während der 14-tägigen Brutzeit verlässt das Weibchen nur selten das Nest und wird von seinem Partner gefüttert.

Aufzucht der Jungen

In der ersten Woche nach dem Schlüpfen bleibt das Weibchen im Nest sitzen. Der Hahn schleppt unermüdlich Futter für seine Familie heran. Geben Sie den Vögeln in diesen ersten Tagen weniger Grünfutter und entfernen Sie das Badehaus, um die kleinen, nackten Küken vor Durchfall und Durchnässung zu bewahren. Sobald die Henne das Nest verlässt, kontrollieren Sie den Inhalt und entfernen unbefruchtete Eier und – auch das kommt vor – tote Küken. Die Kleinen entwickeln sich schnell und sind nach etwa 21 Tagen flügge.

WICHTIG

Mischen Sie schon während der Brutzeit Aufzuchtfutter in die normale Kost, damit sich die Vögel daran gewöhnen. Während der Aufzuchtzeit müssen die Vögel besonders reichlich und gut ernährt werden. Geben Sie ein Vitaminpräparat ins Trinkwasser.

INFO

Meistens kommt es kurz bevor die Jungen flügge werden zu einer zweiten Eiablage. Hängen Sie dem Pärchen ein weiteres, bereits vorbereitetes Nest in den Käfig. Wenn Sie den Alttieren kein zweites Nest anbieten, drängen sie die Jungen aus dem vorhandenen Nest, um Platz zu schaffen.

Am Nestbau beteiligen sich beide Partner. Die »Kinderstube« ist in zwei Tagen fertig.

Ihre Ahnen leben auf den »Glücklichen Inseln«

Alle Kanarienrassen lassen sich auf eine Stammform zurückverfolgen, deren Vertreter wir noch heute auf den Kanarischen Inseln sehen und hören können: den Kanariengirlitz (SERINUS CANAIRA). Die dichten Buschwälder und wiesenreichen Täler bieten den geselligen Vögeln einen idealen Lebensraum.

Die grauschwarze Zeichnung im mattgrünen Gefieder bietet dem Kanariengirlitz in Büschen, Bäumen und Wiesen die beste Tarnung.

Der Kanariengirlitz ist kleiner und zierlicher als seine domestizierten Verwandten und sein Gefieder ist nicht so bunt. Obwohl der Gesang der Wildvögel weniger Strophen umfasst als die Lieder der gezüchteten Gesangskanarien, zählen die 12–13 cm großen Kanariengirlitze dennoch – zusammen mit der Nachtigall – zu den begabtesten Sängern unter allen Vogelarten der Welt. Abgesehen von der Brutzeit fliegen sie in kleinen Schwärmen von Futterplatz zu Futterplatz über die »Glücklichen Inseln« – wie die Inselgruppe im Atlantik schon seit altersher genannt wird. Überall ist ihr herrlicher Gesang zu hören.

Eine weitläufige Verwandtschaft

Mehr als die Hälfte aller Vogelarten gehört zu der großen Ordnung der Sperlingsartigen *(Passeriformes)*, so auch unsere Kanarienvögel. Innerhalb dieser Ordnung bilden sie eine Art in der großen Familie der Finkenvögel. Einige Vertreter kennen wir sehr gut. Sie leben in unseren Wäldern, Parks und Gärten: Grünfink, Buchfink, Bergfink, Kernbeißer, Dompfaff, Stieglitz, Zeisig, Kreuzschnabel, Karmingimpel, Girlitz und andere. Ein gemeinsames Merkmal sind die kräftigen Schnäbel.

Vom Wildfang zum Stubenvogel

Als spanische Seeleute 1474 mit der Eroberung der Kanarischen Inseln begannen, fiel selbst den rauen Gesellen der zauberhafte Gesang der kleinen Girlitze auf. Das Zwitschern und Trällern erfüllte Wälder und Wiesen und tönte aus vielen kleinen Käfigen, in denen die Eingeborenen die fröhlichen Sänger hielten. Ob das damals bereits gezüchtete Vögel waren oder Wildfänge, weiß man nicht. Fest steht, dass die Seeleute bei jeder Rückfahrt in die Heimat grüngelbe Girlitze mitnahmen, um sie als wertvolle Rarität teuer zu verkaufen.

Die Verbreitung in Europa

Heute gibt es rund 40 verschiedene Rassen und über 320 Farbschläge bei den Farbkanarien.

Die ersten Menschen, denen nachweislich die Nachzucht gelang, waren spanische Mönche. Durch den Verkauf der Jungvögel verschafften sie ihren Klöstern zusätzliche Einnahmen. Weil die Mönche nur die Hähne abgaben – die Hennen singen nicht – erwarben sie sich ein

Handelsmonopol, das sie immerhin fast 100 Jahre erhalten konnten. Während dieser Zeitspanne wurden gute Sänger für viel Geld nach Italien, Frankreich und England exportiert und erlangten dort bald die gleiche Beliebtheit wie in ihrer Heimat Spanien.

Um 1550 tauchten dann die ersten Kanarienweibchen in Italien auf. Wie es zu diesem Monopolbruch kam, lässt sich nicht mehr mit Sicherheit nachvollziehen. Ende des 16. Jahrhunderts gab es außer in Spanien bereits in Italien, Holland, Frankreich und England Kanarienzüchter. Der kleine Sänger hatte seinen Siegeszug angetreten und seine Karriere zum beliebtesten Stubenvogel war von nun an nicht mehr aufzuhalten.

Kanarienvögel blieben zunächst begehrte Luxusartikel. Sie waren wertvolle Geschenke für die Damen an den Königs- und Fürstenhöfen, wo die Vögel in prachtvollen, goldenen Bauern lebten. In dieser Zeit begannen die Züchter in England, Frankreich und Holland bei der Zucht nicht nur auf den Gesang, sondern auch auf Form und Körperhaltung der Vögel zu achten. So manches singfreudige Luxusgeschöpf erhielt mit der Zeit »Frisuren«, wie einen Schopf auf dem Kopf oder gelockte Federn. Es entstanden die ersten Gestalt- oder Positurkanarien.

Von Tirol in die Harzer Berge

Von Italien kam der Vogel nach Tirol (Österreich). Die Züchter dort, im Hauptberuf Bergleute, widmeten sich in erster Linie der Ausbildung des Gesangs und besonderer Farben. Der kleine Girlitz wurde bald das Haustier des kleinen Mannes. Die Komponisten Carl Zeller und Wolfgang Amadeus Mozart haben in der Operette »Der Vogelhändler« und in der Oper »Die Zauberflöte« den kleinen Sängern musikalische Denkmale gesetzt.

Als der Bergbau dort immer weniger Ertrag brachte und keine weiteren Gruben mehr eröffnet wurden, zogen viele Bergleute mit ihren Familien in den Norden. Einige fanden in den Gruben des Harzes Arbeit und damit eine neue Existenzgrundlage. Mit im Gepäck hatten die Tiroler ihre Kanarienvögel. Der kleine Vogel mit der schönen Stimme fand auch dort schnell viele Freunde. Die Zucht wurde systematisch weitergeführt – mit hervorragenden Ergebnissen. Der bekannteste und begabteste aller Gesangskanarien ist der »Harzer Roller«.

INFO

Viele Bergleute nahmen Kanarienvögel als »Frühwarnsystem« mit zu ihrer Arbeit unter Tage. Die Tiere reagieren viel früher auf giftige Grubengase als Menschen. Plusterte sich ein Vogel plötzlich auf oder fiel tot von der Stange, verließen die Bergleute schleunigst den Stollen.

Ein bisschen Biologie

Wie alle Vögel ist der Kanarienvogel ein warmblütiges Wirbeltier, dessen Körper zum größten Teil mit Federn bedeckt ist. Er hat zwei Beine.
Die vorderen Gliedmaßen haben sich im Laufe der Entwicklungsge-
schichte in Flügeln umgebildet.

Warum können Vögel fliegen?

Alle Vögel müssen bestimmte Merkmale aufweisen, um fliegen zu können. Da ist zum einen der stromlinienförmige Körperbau und zum anderen das anliegende Gefieder. Außerdem sind die Schwingen der Flügel drehbar, wodurch Fluggeschwindigkeit und -richtung verändert
werden. Der Vogel kann mit den Flügeln schlagen, sie ausbreiten oder
eng an den Körper pressen, was ihm Start, Flug und Landung ermöglicht.
    Gefieder und Flügel allein reichen jedoch nicht aus, um fliegen zu
können. Das gesamte Vogelskelett ist zwar stabil, aber extrem leicht,

*Der Körperbau des
Kanarienvogels*

Wange · Auge · Stirn · Nacken · Oberschnabel · Rücken · Unterschnabel · Flügelbug · Kinn · Flügeldecken · Kehle · Flügel · Brust · Bürzel · Oberschwanzdecker · Bauch · Schwanz · Kloake · Beinlauf · Unterschwanz-decker · Kralle · Zehe

weil die Knochen teilweise innen hohl sind. Verbunden mit den mächtigen Lungen liegen zwischen Knochen und Muskeln große, schlauchartige Luftsäcke. Beim Einatmen füllen sie sich mit Luft und sorgen für den notwendigen Auftrieb.

Gut geschützt gegen Hitze und Kälte

Wie alle Warmblüter reguliert der Kanarienvogel seine Körpertemperatur von rund 41 °C selbst. Bei Hitze sorgt die hereinströmende Luft in den Luftsäcken für Kühlung. Außerdem kann der Vogel durch enges Anlegen des Gefieders verhindern, dass sich zwischen Haut und Federn eine wärmeisolierende Luftschicht bildet. Körperwärme wird abgegeben. Schweißdrüsen haben Vögel nicht. Sie verdunsten Feuchtigkeit über den geöffneten Schnabel. Gegen Kälte ist der Vogelkörper ebenfalls gut gewappnet. Durch Aufplustern des Gefieders bilden sich viele Luftpolster, die dafür sorgen, dass keine Körperwärme nach außen abfließt.

Die Sinne des Kanarienvogels

Am besten ausgebildet ist der Gleichgewichtssinn, der im Innenohr des Vogels sitzt. Er ermöglicht dem Vogel beim Fliegen das Gleichgewicht zu halten und auf schwankenden Ästen nicht die Balance zu verlieren.

Der Gesichtssinn ist der zweite wichtige Sinn. Vögel gehören zu den »Augentieren«, wie wir Menschen auch, und erhalten die meisten Informationen über dieses Organ. Durch die seitliche Anordnung der Augen am Kopf haben Kanarienvögel ein großes Gesichtsfeld, allerdings sieht jedes Auge zum größten Teil andere Bilder. Das gemeinsame Gesichtsfeld ist sehr klein. Der Mensch kann 16 Bilder in der Sekunde erfassen, ein Kanarienvogel ungefähr 100.

Weniger fein ausgebildet ist das Gehör. Vögel können Frequenzen zwischen 100 und 13 000 Hz wahrnehmen – Hunde bis 40 00 Hz. Allerdings speichern Kanarienvögel verschiedene Tonfolgen in ihrem Gedächtnis. Das macht sie zu so brillanten Sängern.

Kanarienvögel besitzen, wie andere Vögel auch, in den Beinen einen so genannten Vibrationssinn. Sie nehmen damit die minimalste Bewegung ihres Sitzplatzes wahr. Da sie zwischen »Feind«-Bewegung und der natürlichen Bewegung des Astes unterscheiden können, ist der Vibrationssinn ein ausgezeichnetes Frühwarnsystem.

WICHTIG

Kanarienvögel haben nur einen sehr schwach entwickelten Geruchssinn. Ihre Umwelt und auch das Futter beurteilen sie nach »Augenschein«. Deshalb erkennen sie schlecht riechendes Futter nicht, wenn es noch »ordentlich« aussieht.

INFO

Wegen der relativ hohen Körpertemperatur und der schnellen Herztätigkeit ist der Kalorienbedarf der Vögel sehr hoch. Sie müssen täglich rund 1/3 ihres Körpergewichts an Nahrung zu sich nehmen, um immer genug Energiereserven zu haben.

Einige Anmerkungen zur Zucht

Die Kanarienzucht ist eine Wissenschaft für sich und es ist nicht das Anliegen des Buches, detailliert auf alle diesbezüglichen Probleme einzugehen. Dieses Buch richtet sich an diejenigen Kanarienfreunde, die ein- oder zweimal im Jahr Nachwuchs möchten, denen der Zufall ein brutfreudiges Pärchen beschert hat oder die ihrem Einzelvogel wegen Zeitmangel einen Partner gönnen und mit Nachwuchs rechnen müssen. Oft ist es bereits der erste Nachwuchs, der aus Hobbyzüchtern passionierte Kanarienzüchter macht. Manchmal haben die Jungvögel nach der ersten Mauser ganz andere Farben und Zeichnungen als ihre Eltern. Das macht neugierig.

Wenn Sie den Ehrgeiz haben, Kanarienvögel gezielt auf Gesang, Farbe oder Gestalt zu züchten, sollten Sie Fachliteratur über Farbschläge, Erbanlagen und Vererbungslehre studieren. Es genügt nicht, ein Pärchen seine Jungen großziehen zu lassen. Sie müssen aus einem Zuchtstamm sorgfältig passende Partner zusammensetzen.

Die rot-schwarze Farbkanarie ist einer von 81 Farbschlägen der Gruppe »Schwarzvögel«.

Zum Züchten brauchen Sie die Unterstützung von Fachleuten aus einem Verein. In Deutschland bieten sich zwei Verbände an, die »Vereinigung für Artenschutz, Vogelhaltung und Vogelzucht« (AZ) und der »Deutsche Kanarienzüchter-Bund« (DKB). Beide Organisationen geben eigene Ringe heraus und erkennen sie gegenseitig an (Anschriften siehe Seite 62).

Vogelausstellungen

Wer züchtet, möchte seine Stars vielleicht auch einer breiteren Öffentlichkeit zeigen oder sich nur informieren und fachsimpeln. Zwischen September und Januar finden in der ganzen Bundesrepublik Vogelausstellungen statt. Die Termine örtlicher Veranstaltungen hängen oft in den Zoohandlungen aus und sind über die Ortsgruppen oder Vereine zu erfahren. Eine der größten Veranstaltungen dieser Art ist die von der AZ durchgeführte »Bundesschau«. Sie findet meistens an einem Wochenende im November statt. Ausgestellt werden ca. 20 000 Heimvögel, darunter etwa 5000 Kanarienvögel.

WICHTIG

Wer in größerem Umfang züchten will, braucht dafür einen speziellen Raum oder eine Voliere und viel Zeit. Auch der finanzielle Aufwand ist nicht zu unterschätzen.

Die lustige Haube auf dem Kopf ist das Merkmal verschiedener Gestaltkanarien.

Die Gesangskanarien

Wie bereits erwähnt, haben Züchter seit Beginn der Kanarienzucht unterschiedliche Kriterien in den Vordergrund gestellt. Man kennt heute über 360 verschiedene Rassen und Farbschläge. Bei den Gesangskanarien wird besonderer Wert auf den reinen, fehlerfrei vorgetragenen Gesang gelegt. Durch ständige Zuchtauslese – es wurden immer nur einwandfrei singende Hähne als Vorsänger oder zur Zucht genommen – haben die Gesangskanarien im Laufe der Jahrhunderte eine große Perfektion erreicht. Sie können minutenlang Strophe für Strophe in einer bestimmte Reihenfolge schmettern.

Wenn Sie die perfekten Gesangsstars einmal hören wollen, besuchen sie am besten eine der vielen Meisterschaften für Gesangskanarien, die im Winter allerorts ausgetragen werden. Fast in jeder Stadt gibt es einen Kanarienverein, der Ihnen die Termine nennen kann. Anschriften erfahren Sie beim Deutschen Kanarienzüchter-Bund e.V. (Anschrift siehe Seite 62). Ihre Gesangskanarie braucht keinen Unter-

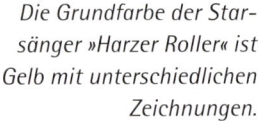

Die Grundfarbe der Starsänger »Harzer Roller« ist Gelb mit unterschiedlichen Zeichnungen.

richt mehr. Er hat sein Studium bereits hinter sich und beherrscht
sein Lied. Einige besonders schöne Rassen stellen wir hier vor.

American Singer

Dieser Vogel ist eine Besonderheit, denn er hat neben seinem schönen
Gesang auch ein weiches Gefieder und eine sehr gute Haltung. Er
wurde in Amerika gezüchtet und scheint alle gewünschten Zuchtqua-
litäten in sich zu vereinen. Leider ist der American Singer in Europa
noch sehr selten.

Belgischer Wasserschläger

Dieser Vogel wird auch Mechelner Kanarienvogel genannt. Er ist
etwas größer und kräftiger als der Harzer Roller, aber von ähnlicher
Gestalt. Er hat einen nicht so volltönenden, schluchzenden Gesang.

Harzer Roller

Er ist wohl der bekannteste und beliebteste Vertreter der Gesangskanarien und wird auch Edelroller genannt. Der Gesang wurde ausgebildet,
indem man den Junghähnen Nachtigallen als Vorsänger in die Nähe der
Käfige setzte. Bei allen Singvögeln lernen nämlich die jungen Männchen den Gesang von ihren Artgenossen, meistens von den Vätern.
Diesen Nachahmungstrieb nutzten bereits die ersten Züchter, indem
sie statt der Elternteile eben Nachtigallen oder andere gute Sänger zu
den Junghähnen setzten. Um Maßstäbe für die Gesangsqualität zu finden, teilte man die Vogelmelodien in verschiedene Gesangsstrophen
oder Touren ein. Ein perfekter Harzer Roller singt vier Haupt- und vier
Nebentouren – und das auch noch in einer bestimmten Reihenfolge.

Timbrado

Dieser Vogel wurde in Spanien gezüchtet und beherrscht die Ge-
sangstour Glocke (spanisch: timbre) besonders gut. Der Timbrado
wurde aus dem Harzer Roller, den wilden Girlitzen und den Nachfah-
ren der ersten Kanarienvögel gezüchtet. Er ist heute – außer in seinem Herkunftsland – besonders in den USA beliebt.

INFO

Ein Kanarienhahn singt
nicht zu seiner oder Ihrer
Freude. Der Vogel markiert
mit dem Gesang sein Re-
vier. Zur Paarungszeit will
er mit den schönen Liedern
ein Weibchen betören.

INFO

Die Weibchen singen nicht.
Sind sie böse, schimpfen
sie mit eher krächzenden
Lauten. Haben sie Hunger
und wollen zum Beispiel
während des Brütens vom
Männchen gefüttert wer-
den, locken sie mit zarten
Bettellauten.

Achatvögel

Braunvogel

Isabellvogel

Die Farbkanarien

Die zweite große Zuchrichtung sind die Farbkanarien. Es gibt heute über 320 Farbschläge. Natürlich singen diese Vögel auch. Bei Ausstellungen wird jedoch mehr Wert auf fehlerfreie Farben gelegt als auf den Gesang. Farbkanarien gibt es in Weiß, Gelb, Orange, Rot, Grün bis hin zu Braun und Grau. Dazu kommen pastellfarbige, ivoofarbene und intensiv gefärbte Exemplare.

Eine Untergruppe der Farbkanarien ist die Mischlingszucht, die heute allerdings nur noch mit Sondererlaubnis gestattet ist, weil das Gesetz zum Artenschutz die Entnahme einheimischer Wildvögel zu Zuchtzwecken verbietet. Bei einer Mischlingszucht werden Kanarienweibchen mit Wildvogelhähnen einer anderen Art der Finkenvögel gekreuzt. Man versucht auf diese Weise neue Farbschläge zu erzielen. Um aus der Fülle dieser Arten Erbgut in die Kanarienvögel einzuschleusen, hat man Hennen mit Buchfink, Kapuzenzeisig, Stieglitz, Grünfink, Dompfaff, Fichtenkreuzschnabel und Grauedelsänger gepaart.

Die Farbkanarien werden in sieben große Gruppen aufgeteilt, die im Laufe der Jahrhunderte durch Kreuzungen und Mutationen entstanden sind.

Lipochromvögel

Diesen Vögeln fehlen alle Dunkelfarbstoffe im Gefieder. Die Schwingen und Schwanzfedern sind nicht schwarz oder braun wie bei den Wildvögeln, sondern eierschalenfarben oder weiß. Außerdem gibt es leuchtend intensiv gefärbte Vögel. Insgesamt sind heute 36 Farbarten bekannt. Seit 1998 soll das Großgefieder auch möglichst die Grundfarbe zeigen.

Schwarzvögel

Sie werden auch Melaninvögel genannt und tragen den dunklen Farbstoff in ihrem Erbgut. Diese Vögel haben schwarzbraune Schwingen und Schwanzfedern. Außerdem sind bei den Schwarzvögeln Beine, Füße, Krallen und Schnabel dunkel gefärbt. Insgesamt sind 81 Farbarten bekannt.

Achatvögel

Diese Kanarienvögel bestechen durch eine besonders schöne Gefie-
derzeichnung mit feinen grauen Strichen. Wegen dieser schönen
Zeichnung hat man sie nach dem Edelstein Achat benannt. Beine,
Füße und Krallen sind grau, ebenso die Schnabelspitze. Bekannt sind
heute 72 Farbarten.

Lipochromvogel

Braunvögel ✗

Hier wurde durch Mutation der schwarze Farbstoff der Wildvögel in
einen braunen umgewandelt. Das Gefieder ist breit bräunlich gestri-
chelt. Schwingen und Schwanzspitze sind von dunklem Braun. Beine,
Zehen, Krallen und der Schnabel sollen bräunlich sein. Heute sind
51 Farbarten von Gelbbraun bis Braunweiß bekannt.

Phaeovogel

Isabellvögel

Sie ähneln den Braunvögeln, nur dass bei ihnen aus dem Braun ein
saftiges Beige geworden ist. Beine, Zehen, Krallen und der Schnabel
sind fleischfarben. Bekannt sind 36 Farbarten.

Phaeovögel

Diese Vögel haben rote Augen. Durch eine Mutation werden nur noch
Phaeo-Melanine gebildet. Das sind braune Pigmente, die besonders
auf dem Rücken und den Schwanzfedern abgelagert werden. Das Gefieder der Phaeovögel ist häufig sehr rau. Bekannt sind 17 Farbarten.

Satinettvogel

Satinettvögel

Hat man beim Phaeovogel als Nichtfachmann noch Probleme mit
dem Erkennen der rötlichen Augen, so ist das beim Satinettvogel mit
seinen kirschroten Augen sehr leicht. Die Farbe dieser Vögel ist ebenfalls durch eine Mutation entstanden. Der Anteil der Braunmelanine
ist nochmals reduziert. Die Färbung reicht von Satin-Gelb-Intensiv bis
Satin-Weiß-Rezessiv. Zurzeit gibt es 18 Farbarten.

Schwarzvögel

Bossu belge

Lizard

Nordholländer

Die Gestaltkanarien

Die dritte große Zuchtrichtung bei Kanarienvögeln sind die Gestalt- oder Positurkanarien. Statt auf Farbe und Gesang legt man hier Wert auf Größe, Form und Haltung der Vögel. Der Stammvater all dieser Rassen, die »Große Kanarie von Gent«, entstand um 1680 und überragte seine Artgenossen mit einer Körpergröße von 19 cm. Er trug noch glattes Gefieder. Doch schon bald zeigten die ersten Kanarien Lockenbildung. Es entstanden die »Friesierten Kanarien«.

Eine weitere Variante sind Kanarienvögel mit Häubchen. Sie sollen erstmals zu Beginn des 18. Jahrhunderts in Nürnberg aufgetaucht sein, von wo sie im Jahre 1734 nach Holland und später nach England exportiert wurden.

Außer den »Riesen«, den »Friesierten« und jenen mit Häubchen gehören noch die »Kleinen Glatten« sowie die »Gebogenen« zu den Gestaltkanarien. Unter »Gebogen« versteht man die Körperhaltung. Insgesamt gibt es heute 29 anerkannte Formen. Die Vögel kommen nur vereinzelt in den Handel. Wenn Sie sich für eines dieser Tiere interessieren, müssen Sie sich an Züchter wenden. Auch wenn Sie selbst züchten wollen, sollten Sie Ihr erstes Pärchen bei einem anerkannten Profi kaufen. Hier einige der bekanntesten Gestaltkanarien:

Bossu belge

Er gehört zu den »Gebogenen«. Bis auf Rot sind alle Farben erlaubt. Bei idealer Haltung zeigt der Körper die Form einer »7«. Der Vogel ist ungefähr 17 cm groß.

Lizard

Das Gefieder weist eine schuppenförmige Zeichnung auf. Diese Zeichnung soll gleichförmig vom Nacken über die Brust verlaufen. Im Idealfall ist die Kopfplatte hell. Aber es werden auch Vögel mit Zeichnungen auf dem Kopf anerkannt. Gezüchtet wurde der Lizard im 16. Jahrhundert von Hugenotten in Frankreich und kam von dort nach England. Der Vogel hat eine Größe von 13–14 cm. Es gibt ihn in Weiß, Gelb und Rot.

Nordholländer

Der Vogel zeigt eine aufrechte Haltung. Er hat ein Federkörbchen auf der Brust und eines auf dem Rücken. Das Körbchen auf dem Rücken ist in der Mitte gescheitelt. Die Rasse wurde in Holland gezüchtet und ist seit 1880 eingetragen. Der Vogel ist etwa 18 cm groß.

Pariser Trompeter

Er gilt als der König aller Gestaltkanarien. Und »königlich« war auch seine Umgebung. Der Pariser Trompeter, in Frankreich gezüchtet und seit 1860 als Rasse registriert, war bei den adeligen Damen sehr beliebt. Von Frankreich aus wurde er an die Königs- und Fürstenhäuser in ganz Europa exportiert. Die Vögel saßen in kunstvoll gestalteten Käfigen und unterhielten die höfische Gesellschaft mit ihren schönen Liedern.

Pariser Trompeter

   Er ist mit seinen etwa 20 cm Länge der größte und älteste Frisurenkanarie. Sein Federkleid ist voluminös und passte gut zu den edel und prächtig gekleideten Damen. Kopf, Brust, Rücken und Schwanz zieren gelockte Federn, die Bauchfedern sind leicht gelockt. Es gibt ihn in allen Gelb-, Grün- und Scheckenvariationen. Eine zusätzliche Besonderheit sind die wie Korkenzieher gedrehten Krallen.

Scotch Fancy

Der Vogel ist eine Weiterentwicklung des alten Glasgow Dun. Wirft er sich in Positur, dann zeigt sein Körper die Form einer Sichel. Er darf alle Farben haben außer Rot. Die Rasse wurde in Schottland gezüchtet, ist seit 1870 registriert und sehr selten. Der Vogel ist ungefähr 17 cm groß.

Scotch Fancy

Yorkshire

Dieser leicht buckelig aussehende Vogel soll volle Wangen, Augenbrauen und einen kleinen Schnabel haben. Es gibt ihn in allen Farben inklusive Scheckung. Gezüchtet wurde er in der englischen Grafschaft York und ist seit 1880 als Rasse registriert. Der Vogel besitzt eine Größe von etwa 18 cm.

Yorkshire

Die 5 wichtigsten Regeln
im Umgang mit deinem Vogel

Rede immer mit deinem Vogel, wenn du dich ihm nähe
Pfeifen oder singen ist auch o. k. Vor Lebewesen, die sic
leise anschleichen, hat der Vogel Angst.

Achte sehr genau darauf, dass
alle Fenster geschlossen sind, wenn
du den Vogel frei fliegen lässt. Es gelingt nicht immer, ihn wieder einzufangen, wenn er erst einmal
entflogen ist.

Ein einzelner Vogel braucht sehr, sehr viel Gesellschaft. Wenn in
deiner Familie niemand so viel Zeit hat, muss er einen zweiten
Vogel als Partner bekommen.

Sorge dafür, dass dein Vogel
immer genügend Futter und
frisches Wasser hat. Vögel
verhungern und verdursten
schnell.

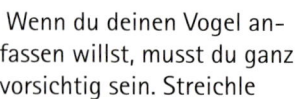

Wenn du deinen Vogel an-
fassen willst, musst du ganz
vorsichtig sein. Streichle
ihn sanft, wenn er auf deiner Hand, deiner Schulter oder
deinem Kopf sitzt.

Besonders gefährliche Situationen für deinen Vogel

KINDER SPEZIAL

Wenn dein Vogel im Zimmer frei herumfliegt, ist das für ihn viel schöner und spannender, als immer nur im Käfig zu sitzen. Aber es ist auch viel gefährlicher für ihn.

Darauf musst du achten:

Der Vogel läuft manchmal auf dem Fußboden herum. Pass gut auf, damit du nicht aus Versehen auf ihn trittst und ihn verletzt. Behalte ihn immer im Blick, wenn du durch das Zimmer läufst.

Vögel nehmen gerne ein Bad, auch in Wassereimern und Blumenvasen. Dabei ertrinken sie leicht oder sie trinken von dem Wasser, das abgestanden ist oder vielleicht Putzmittel enthält. Achte darauf, dass keine derartigen Gefäße in der Nähe deines Vogels stehen.

Vögel setzen sich gerne so, dass sie von oben alles überblicken können. Ein beliebter Platz ist eine offene Tür. Gefährlich wird es, wenn jemand die Tür plötzlich schließt. Sorge dafür, dass alle Türen geschlossen sind, wenn du deinen Vogel fliegen lässt.

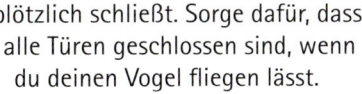

Ein Vogel kann aus der Luft nicht erkennen, ob eine Herdplatte heiß oder kalt ist. Landet er auf der heißen Fläche, kann er sich tödliche Verbrennungen zuziehen. Stell immer einen mit Wasser gefüllten Kessel oder Topf auf eine gerade ausgeschaltete Platte.

KINDER SPEZIAL

Das Leben der wilden Kanarienvögel

 Die Heimat der wilden Kanarienvögel, der Kanariengirlitze, sind die Kanarischen Inseln: Gran Canaria, Teneriffa, Hierro, Gomera und Palma.

 Die Kanariengirlitze fliegen in kleinen Gruppen herum auf der Suche nach Futter und bleiben immer in der gewohnten Umgebung.

 In den großen Sträuchern, Bäumen und Hecken, die auf den Inseln wachsen, bauen sie ihre Nester und ziehen ihre Jungen auf.

 Die wilden Kanarienvögel kann man zwischen den Blättern in den Büschen und Bäumen kaum erkennen. Ihre Federn sind grünlich mit grauschwarzer Zeichnung – eine prima Tarnfarbe.

Was will dein Kanarienvogel dir sagen?

Dem Vogel ist kalt oder er ist krank. Sag deinen Eltern, dass etwas nicht stimmt.

Der Vogel ist einsam und will sich mit dir unterhalten. Streck ihm einen Finger hin, dann hüpft er vielleicht darauf.

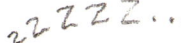

Der Vogel will seine Ruhe haben. Stör ihn nicht und lass ihn schlafen.

Der männliche Vogel balzt. Er möchte eine Partnerin haben und eine Familie gründen.

Der Vogel hat Angst. Beseitige die Ursache seiner Angst und rede beruhigend auf ihn ein.

Serviceseiten

Wichtige Adressen

Deutschland
Deutscher Kanarienzüchter-
Bund e. V. (DKB)
Salenbergstraße 49
72250 Freudenstadt
Tel. 0 74 41/8 28 12
Fax 0 74 41/5 11 78

Vereinigung für Artenschutz,
Vogelhaltung und Vogelzucht
e. V. (AZ)
Postfach 11 68
71501 Backnang
Tel. 0 71 91/8 24 39
Fax 0 71 91/8 59 57

Deutscher Tierschutzbund e. V.
Baumschulallee 12
53115 Bonn
Tel. 02 28/60 49 60
Fax 02 28/6 04 96 40

Bundesverband Tierschutz e. V.
Walpurgisstraße 40
47441 Moers
Tel. 0 28 41/2 52 44
Fax 0 28 41/2 62 36
In dem Verband gibt es den
»Freundeskreis betagter Tier-
halter«. Er verschickt Adressen
von Seniorenheimen, die
Heimtierhaltung gestatten
(Rückumschlag mit Rückporto
beilegen).

Österreich
Österreichischer Kanarien-
und Vogelliebhaberbund (ÖKB)
Wilhelm Schmidt
Paigweg 62
A-8750 Judenburg
Tel. (Handy) 0 64/3 02 21 83

Schweiz
Exotis
Schweizerischer Verband für
Zucht und Pflege exotischer
Vögel Ernst Zimmerli
Dorfstraße 33
CH-5745 Safenwil
Tel./Fax 0 62/7 97 23 06

Spezialtipp für Tierfreunde
Lebendig und naturgetreu
wirken Tiere als Kohlezeich-
nungen von Martine Tunnat.
Sie fertigt die Bilder nach
Fotos an. Ein Porträt (Format
30 x 40 cm) kostet DM 170,–
plus Versandkosten. Anschrift:
Martine Tunnat
Weiherstr. 2
71546 Aspach
Tel. 0 71 91/2 09 75
Fax 0 71 91/2 33 64
Für diesen Hinweis danken wir
der Redaktion »Ein Herz für
Tiere«.

Weiterführende Literatur

Bielfeld, Horst: Vogelfutter
aus der Natur, Ulmer 1993

Hahn, Ute: Vogelkrankheiten,
Verlag M. und H. Scha-
per 1992

Speicher, Klaus: Kanarien –
120 Rassen, Ulmer, 1993

Fachzeitschriften

Gefiederte Welt
Verlag Eugen Ulmer GmbH
& Co., Postfach 70 05 61,
70574 Stuttgart

Die Voliere
Verlag M. & H. Schaper GmbH,
Postfach 16 42, 31046 Alfeld

Kanarienfreund, Fachzeit-
schrift des DKB
Hanke-Verlag, Postfach 10 40,
75110 Pforzheim

Sie finden uns im Internet unter
www.falken.de

Dieses Buch wurde auf chlorfrei
gebleichtem und säurefreiem Papier
gedruckt.

Der Text dieses Buches entspricht den
Regeln der neuen deutschen Recht-
schreibung.

ISBN 3 8068 2523 8

© 2001 by FALKEN Verlag in der Verlagsgruppe FALKEN/Mosaik, einem Unternehmen der Verlagsgruppe Random House GmbH, 65527 Niedernhausen/Ts.

Fotos: SAVE BILDAGENTUR, Augsburg/W. Schulte: S. 13, 24, 29, P. Wegner: S. 21, 28, 36; Bildarchiv OKAPIA Frankfurt/E. Lemoine: S. 20, H. Claßen: S. 54, 55, 57; »Ein Herz für Tiere«/O. Dietz: S. 34, H. Mayer: S. 7, 51; K. Skogstadt: S. 35, 41, J. & P. Wegner: S. 2/3, 27. 30, 50; Reinhard-Tierfoto, Heiligkreuzsteinach-Eiterbach: S. U2/1, 4, 5, 6, 8–11, 15, 15, 19, 22, 33, 45, 46, 52, 54, 55, 56, 57; U. Schanz, München: S. 23, 34; Silvestris Fotoservice/Kastl: S. 16, G. Lacz: S. 43
Zeichnungen: U. Farkas-Dorner, Plouray/Frankreich; E. Wagendristel (Kinder Spezial), Berlin

Druck: Appl, Wemding

817 2635 4453 62

Register

Der Vogel ist entflogen

Was tun, um ihn wieder zu bekommen?

Nach einem entflogenen Vogel möglichst sofort intensiv suchen, denn selten findet ein Vogel allein den Weg zurück nach Hause.

Hat der entflogene Vogel einen Partner, diesen in seinem oder einem kleinen Käfig an das offene Fenster, an die Terrassen- oder Gartenvolierentür stellen, damit die Vögel möglichst Rufkontakt miteinander aufnehmen können. Durchzug vermeiden.

Lieblingsfutter gut sichtbar so hinlegen, dass der entflogene und hungrige Vogel hereinkommen muss. Mit einem Bindfaden aus einiger Entfernung die Tür (das Fenster) hinter ihm zuziehen.

Sitzt er in der Nähe, kann ihn das Rufen und Hinhalten seines Käfigs zum Kommen veranlassen, denn er ist meistens verängstigt und froh, wenn er seinen Käfig und seinen Menschen wiedersieht.

Ist der Vogel sehr zahm und befindet er sich in der Nähe, kann es genügen, ihn mit Worten zu rufen und zu locken. Sobald Sie es erreicht haben, dass er herbeifliegt und sich auf Ihrer Hand niederlässt, ist das Problem gelöst.

Ist der Vogel außer Sicht- und Rufweite geflogen, Verlustmeldungen an die örtliche Presse, das Tierheim, den Tierarzt geben und in der Umgebung gut sichtbar an Bäumen und Laternenmasten eine Verlustanzeige mit dem Namen des Vogels anschlagen. Oft fliegt der Vogel (auch nach Wochen noch) anderen Leuten zu, oder er wird ausgehungert aufgelesen.